言語力が育つ社会科授業

―対話から討論まで―

寺本　潔 編著

嘉納英明
山内かおり 著
道田泰司

教育出版

目次

プロローグ

■ 第一部　言葉の重視と体験の充実

● 第一章　体験を経験に高める言葉の役割 ……………………… 6
　❶ 体験による学び ………………………………………………… 6
　❷ 言葉による表現と社会事象への気づき …………………… 8
　❸ 体験を言葉に当てはめて経験に昇華させる指導 ………… 10
　❹ 対話や討論で伸ばす言語力 ………………………………… 11

● 第二章　対話を通して育まれる思考 ……………………… 12
　❶ はじめに ……………………………………………………… 12
　❷ 言語力と思考力の関係 ……………………………………… 12
　❸ 思考力の育成 ………………………………………………… 14
　❹ 対話を通して思考力育成 …………………………………… 15
　❺ 他人以外とも対話しよう …………………………………… 16

● 第三章　対話を生む授業の要件 …………………………… 18
　❶ 言語力が支える対話のある授業 …………………………… 18
　❷ 吟味する対話 ………………………………………………… 19
　❸ 言語環境の整え方 …………………………………………… 20
　❹ 対話の要件と他者の理解 …………………………………… 21
　❺ 暗黙知を明示させることで対話が生まれる ……………… 22

■ 第二部　言語力が育つ授業実践　－小学校社会を題材にして－

● 第一章　個をつなぐ教師の働きかけによる授業 ………… 26
　❶ 社会科における協同思考（対話で学び合う授業）の捉え …… 26
　❷ 社会科における対話での学び合い ………………………… 26
　❸ 目ざす子どもの姿 …………………………………………… 27

● 第二章　子どもと教材世界を結ぶ授業 …………………… 39
　❶ 単元名（4年）「交通事故をふせぐ」 ……………………… 39
　❷ 授業者の主張 ………………………………………………… 39
　❸ 児童理解と教材解釈 ………………………………………… 39
　❹ 単元目標 ……………………………………………………… 40
　❺ 単元の仮説 …………………………………………………… 40
　❻ 学習の経過と具体的な個をつなぐ教師の支援 …………… 40
　❼ 実践の結果と考察 …………………………………………… 41
　❽ 成果と課題 …………………………………………………… 52

- ●第三章　水産業に参加する授業 …………………………………… 53
  - ❶ 単元名(5年)「海の畑　沖縄のもずく養殖業を応援しよう」…… 53
  - ❷ 単元目標 ……………………………………………………… 53
  - ❸ 個をつなぐ教師の働きかけ（対話の質を高める）………… 54
  - ❹ 授業の実際 …………………………………………………… 55
  - ❺ 授業の考察 …………………………………………………… 63
  - ❻ 実践を振り返って …………………………………………… 74
- ●第四章　自己との対話へつながる授業 …………………………… 76
  - ❶ 単元名(5年)「国土の環境を守る森林資源の働き
      －ヤンバルの森からのメッセージ－」……………… 76
  - ❷ 単元目標 ……………………………………………………… 77
  - ❸ 授業構想 ……………………………………………………… 83
  - ❹ 実践への寺本によるコメント ……………………………… 85
- ●第五章　言語力育成に向かう社会科指導ポイント ……………… 88
  - ❶ 子どもの興味・関心を引き付ける教材提示や発問 ……… 88
  - ❷ 社会的ジレンマ場面を意図的に組む ……………………… 89
  - ❸ 協同して学ぶ場面に導く …………………………………… 89
  - ❹ 社会科用語を習得させる …………………………………… 91

▌第三部　言語力が育つ社会科授業の方法

- ●第一章　「おたずねマップ」法による「対話する力」の育成 ……… 94
  - ❶ 「おたずねマップ」 …………………………………………… 94
- ●第二章　対話や討論を生む差異の明確化：ペア対話から集団討議まで … 99
  - ❶ ペア対話 ……………………………………………………… 99
  - ❷ 小グループによる対話への移行 …………………………… 100
  - ❸ 小グループ討議から集団討議への移行 …………………… 101
- ●第三章　カードを活用した学びの形成 …………………………… 103
  - ❶ 単元名(6年)「日本とつながりの深い国々－多様な考えを交わらせ，
      つなげる授業づくりを目ざして－」……………… 103
  - ❷ 授業づくりの視点 …………………………………………… 103
  - ❸ 授業の構想 …………………………………………………… 104
  - ❹ 授業の流れ …………………………………………………… 105
  - ❺ 授業を終えて ………………………………………………… 108

- ●第四章　挿絵の読み取りと討論 …………………………………109
  - ❶ 単元名(6年)「平和で豊かな暮らしを目ざして
    －新しい憲法と戦後の日本－」……………109
  - ❷ 単元について …………………………………109
  - ❸ 単元目標 ………………………………………110
  - ❹ 単元の仮説 ……………………………………110
  - ❺ 指導計画（6時間）……………………………111
  - ❻ 第2時の学習の目標と授業仮説 ………………111
  - ❼ 実践の結果と考察 ……………………………111

▌第四部　言語力が育つ社会科授業の姿

- ●第一章　習得→活用，探究へと高める授業の見通し …………118
  - ❶ 習得場面から活用場面への移行 ………………118
  - ❷ 活用場面から探究場面への移行 ………………120
  - ❸ 授業の見通しと言葉の役割 ……………………121
  - ❹ 「伝えたい」「報告したい」「発表したい」と思う授業を ……122
- ●第二章　振り返り（リフレクション）や批判的学びを促す教師の出方 …123
  - ❶ はじめに ………………………………………123
  - ❷ 振り返りを促す教師の出方 ……………………124
  - ❸ 批判的な学びを促す教師の出方 ………………126
  - ❹ おわりに ………………………………………128
- ●第三章　臨場感のある討論活動 …………………………………130
  - ❶ 臨場感のある討論活動を育む学級の風土 ……130
  - ❷ 何でも言い合える学級の風土づくり①
    －子どもに拓かれた教師の身体－ ……………130
  - ❸ 何でも言い合える学級の風土づくり②
    －拓かれた身体と受容関係－ …………………131
  - ❹ 臨場感のある討論活動の成立
    －三つの条件－ …………………………………132
  - ❺ 期待される子どもの資質・能力と教師の役割 ………135

エピローグ

プロローグ：言語力が育つ授業とは……

　言語力は，子どもの成長・発達の上で注目したい能力の一つである。「わたしは○○という植物の名前を知っています。花の形に特徴があります。」「わたしは，○○がいいと思います。なぜかというと△△だからです。」と物事を解説できたり，理由を付けて意見を述べたり，あるいは「○○と△△を比べると，この点が違うと思います。」「まるで○○みたいです。」などと，比較したり，例えたりしながら自分の考えを表現できる。つまり，言語によって大半の意思は表現することができ，その力を獲得すれば一般に表現力も向上する。

　もちろん，言語以外の非言語として服装や表情，しぐさといったパフォーマンスも大事だが，高度に思考させる授業という場面では，言語によって数や形，意味や状態を理解し，学級の仲間との対話や教師との応答を繰り返す。言い換えれば，言葉を駆使し，言葉を通して交流するのが授業であり，その場面を省いては，授業は成り立たないとさえ言える。

　ところで，2008年3月に新しい学習指導要領が告示された。知識基盤社会，といって現代は知識の創造や組み換えが頻繁に起こりうる社会と言われている。紋切り型の枠組みだけで捉えるのでなく，言語によるコミュニケーションや協同（協働）の学びを通して熟考や自己評価・他者評価が求められている。もちろん，言わなくても分かる「察する」という思考方法も日本人が持つ優れた能力の範疇に含んでおきたいが，やはり言葉に出してみることで思考も深まり，異質な他者に触発されて，他者との関係も改善されるのではないだろうか。授業場面において身に付けてもらいたい言語力とは，学びのために使う道具（話す・聞く・書く・読む）であり，仲間とのかかわりで生じる社会性の構築にも寄与する栄養素でもある。道具は使い込まなければ錆付いてしまうし，栄養素はできる限り多種類を摂取した方が健康につながる。つまり，言語力は，さまざまな機会を通して獲得される人間らしい能力なの

である。

　言語力が育つ教科としては当然，国語科が中軸となるわけだが，今回改訂された学習指導要領では国語科だけでなく各教科を通した指導と育成が求められている。例えば，小学校「総則」で「知識・技能を活用して課題を解決するための思考力，判断力，表現力等の育成，言語活動の充実，学習習慣の確立等」が規定された。特に小学校国語科では，話す・聞く，書く，読む，の各能力が確実に身に付くよう，記録，報告，解説，推薦などの言語活動を「内容の取扱い」から「内容」に格上げしている。したがって，これからの授業づくりでは，かなり言語活動，あるいは言語力の育成に力点が置かれてくるとみてよい。

　ところで，筆者らは，国語科でなく，社会科を中心にしてこの力の育成に指導の力点をおいてきた。社会科でいう言語力とは，社会事象の観察や調査，見学などの体験的な活動やそれに基づく表現活動の一層の充実を図ることと明記され，単に言葉だけを巧みに操作できるのではなく，実生活や実社会で捉えられる確かな根拠に基づいて発言するよう求めている。国語科と異なり，現実の社会における問題場面で考え，様々な大人とも出会い，感動やジレンマを味わいながら言語力を磨く教科であるため，生きて働く実用的な言語力を育てやすい。

　また，社会科は，地図や統計，年表，実物，文書，写真などの多種多様な資料の読解，要約だけでなく，調査・見学を通した記録，報告，話し合い，発表，討論など，様々な言語活動が展開できる教科である。このため，言語力が育つ機会がダイナミックであり，質的に他の教科と異なる特性を持っている。それは算数や理科とも異なり，問題の所在や答えが一つに絞り込めない多義性や曖昧性も有している。

　学級全体で考え，話し合う場面でも「ゆさぶり」や「振り返り」「問い直し」に向かうために教師が，どのタイミングで立ち止まり，効果的な指示や発問を出せばよいのか，新たな教材の提示は必要ないか，発言力のある子とおと

なしい子をどう絡ませて社会事象への探究を深めさせたらよいのか，もっと子どもが興味を抱く教材の切り込み口はないか，など児童理解や教材研究が苦手な教師にとってはハードルの高い教科の一つといえる。そのため社会科が，多くの小学校教師にとり，なかなか指導に自信が持てない教科に陥っているのではないだろうか。この点の解消を手助けするためにも，本書の刊行の意義はあるものと考える。前置きが長くなったが，ここで本書の中身を紹介することにしよう。

　第一部は言葉の重視と体験との関係をわかりやすく述べた，本書のいわば序論である。体験知に言葉を当てはめて経験知に高める際のポイントや対話を通した思考力の育成，対話を生む授業の要件について三つの章を使って概括的に記述されている。冒頭の第一，二章は寺本・道田という二人の大学人で執筆されているが，第三章は，現職教諭である山内により書かれているため次第に具体的に解説されている。

　続く第二部では，本書で最も大事な授業実践が四つの章を使って紹介されている。いずれも沖縄県内で実践され，体験からの学びが入った地域に根ざした社会科授業であり，嘉納・山内両教諭によって多角的に言語力との絡みが言及されている。両教諭が実践の多くを積み重ねた琉球大学教育学部附属小学校では，「対話で学び合う授業」づくりが研究テーマになっており，今日的な教育課題に迫るテーマとなっている。その点から，本書の題目に近い実践記録が収録できていると喜びたい。これら四本の授業実践と関連させつつ，寺本によるコメントが記されている。

　第三部では，言語力が育つ授業の基底と題して，ややハウツーに近いが，具体的な指導の手立てが述べられている。「おたずねマップ」や「カードの活用」といった方法が，言語力育成の点からも有効であることがわかるだろう。

　最後の第四部では，言語力が育つ授業イメージについて，やや理論的に執筆者各人が筆を振るっている。新しい学習指導要領に基づく言語活動重視の流れに沿って，本書で述べてきた授業づくりがどういった位置づけであるの

か，この部まで読み深めていただければ，筆者らの思いは伝わるのではないか。

　小学校社会科は，社会を見る目を養うだけでなく，社会認識を深め，自分ごととして社会を捉え，ひいては社会を形成してゆける資質（公民的資質）の基礎を養う教科である。社会は言語を駆使する人間によってつくられ，人間によって変化していく。したがって，社会科らしい授業であればあるほど言語力も磨かれる。社会事象の「読み取り」→ 問題の発見と「熟考」→ 解決策の「話し合い」→ 自分の中での「問い直し」→ 新たな「見方や概念の獲得」などといった学びの流れも想定できよう。本書を読んでくださった方々が，これからの社会科授業づくりへの興味関心を呼び起こすきっかけになれば望外の喜びである。

　末筆ながら，本書の刊行の機会を与えてくださった教育出版株式会社の秦浩人氏をはじめとする編集部や営業部の方々，並びに紹介の労をとっていただいた東北福祉大学教授　有田和正，早稲田大学教授　池俊介の両先生に記して感謝の意を表したい。

平成21年1月
執筆者を代表して
寺本　潔

第一部
言葉の重視と体験の充実

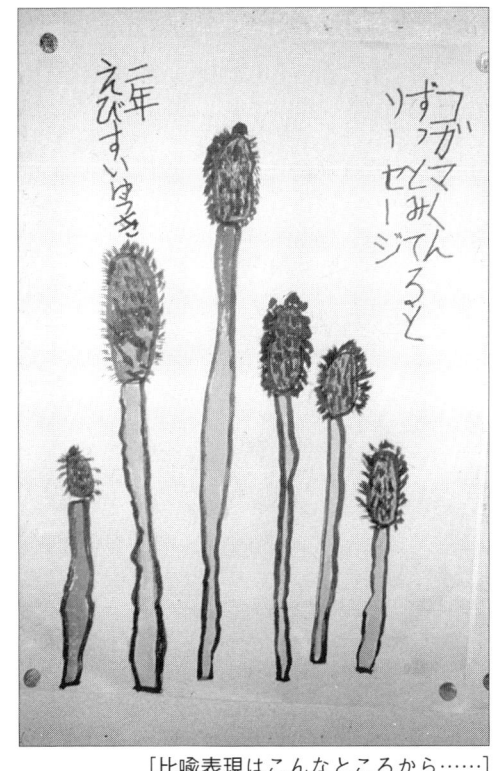

［比喩表現はこんなところから……］

●第一章　体験を経験に高める言葉の役割

1 体験による学び

　「体験」とは広辞苑によれば「自分が身をもって経験すること」であり，また「経験」とは「人間のあらゆる社会的実践を含むが，人間が外界を変革するとともにまた自己自身を変化させる活動が最も基本的なもの。外界・内界の両面から見た意識過程。何事かに直接ぶつかる場合，それが何らかの意味でわれわれの生活を豊かにするという意味を含むこと」と定義されている。

　また，『新版心理学事典』（平凡社）には「体験」の項目はないが，「経験」については「経験とは，何かに関して見たり，聞いたり，学習したり，あるいは情動的な刺激を与えられたりするような，生活体の知的機能と情意的機能によって把握されている総体をいう」と定義づけられている。

　つまり，経験のほうが意識や内面形成の点でくわしく高い次元にある。子どもが，潜在的に個性として持っている特性に，体験による感覚的な印象や情意が書き込まれ，知性の働きと相俟って経験知となり獲得される。体育で跳び箱を跳んだ体験から，そこで何度も跳ぶことでコツを習得し，跳び方の経験知を獲得する。そこには，どういうタイミングでジャンプボードを跳べばいいのか，どういう場所に手をつけばいいのか，足の開き方はどのくらいか，などの上手に跳ぶためのコツが一連の動作として大脳に記憶される過程がある。習得や習熟とは，まさに経験知の獲得過程を言い表すのではないだろうか。

　本書が題材とする社会科学習に限ってみても，体験は重要である。小学校3・4年生の学習単元「地域でみられる生産と消費の仕事」の場面で，田や畑を実際に見に行き，稲や果樹が実っている様子を観察し，農家の人からお話を聞けば，生産の仕事に携わる人の工夫や努力が理解できる。「売る仕事」の学習でスーパーマーケットを題材にする場面では，当然，児童は学習前に行った経験はあるものの，売り方の工夫や商品の品揃えのひみつなどには注意を払ってこなかったため，スーパーの世界を仕事として捉える視点は希薄

である。したがって、この単元のねらいに達するためには、スーパーの見学体験が不可欠になる。このように社会科では見学や調査などの体験を通した学びが学習の中核となる。

　小学校社会科の内容構成を考えてみれば、第3学年及び4学年では校外学習の機会が多く、体験学習が重要である。その中で、観察は特に大切で、社会的な見方考え方を培う上でも重視したい。観察力が社会科の学力を下支えしていると言ってもよいくらい重要である。観察とは漫然と眺めるのでなく、「驚きを持って見ること」である。その子にとって何らかの発見や驚きがなくては、社会科としての観察学習は意味がない。

　一般に、観察には、個別観察と比較観察、総合観察の三つがある。個別観察とは、一つの社会事物や事象をじっくりと見ることを指している。学校の屋上に児童を上げて、「東の方角を見てごらん。何が見えますか？」と、ある一つの方角に絞り個別に観察させる指導は個別観察である。次に、「西も見てごらん、東と比べて土地の使われ方がどう違いますか？」とたずねると比較観察に発展する。ただし、同じ東の方角に見える事物でも「遠くに見える景色と近くに見える景色とではどう違いますか？」と発問すれば、東の方角だけでも比較観察となるのは言うまでもない。最後に、東西南北のすべての方角を眺めさせて、「学校の周りに見える景色から、土地の使われ方はどうなっていますか？」と総合的にたずねると総合観察に移行する。

　事例を変えよう。「物を売る仕事の工夫」で商店街の見学学習の際、「魚屋さんの店先では何が売られていますか？」と個別観察させた後、「店先と売り場の少し奥の品物を比べると何が違いますか？」と質問すれば、「店先には今日のお買い得商品が目立つように売られています。奥には少し高い魚が売られています。」と比較して捉える目ができる。そうなれば、比較観察力が身に付くことになる。さらに、「魚屋さんの売り場全体を見て、どんな売り方の工夫が見えますか？」とたずね、児童から「魚の品揃えをよくしておいて、新鮮な感じがするような声を出しているよ。」「氷をたくさん用意して

いて，時々水もかけているよ。」「美味しそうに見せるために照明の光が工夫されている。」などといった発言を引き出せれば観察体験から言葉を通した気づきが生まれる。

❷ 言葉による表現と社会事象への気づき

　一方で，観察結果を言葉で表すように教師は授業で求めすぎるきらいもある。安易に言葉化できればいいというものでもない。体験そのものから五感で感じ取り，言葉にできない感覚や感動が体験には伴うからである。体験学習を社会科以上に重視する生活科や総合的学習では，体験に裏づけられた「つぶやき」や喜びの表情，動作などが感情表現として表れる場合がある。

　表1は，生活科単元「町たんけん」の授業場面で見られた子どもからのシグナル（表情や動作，ことば）から，授業場面ごとの反応を記録した例であるが，「ことば」だけでなく，表情や動作から表出する表現も大きな比重を占めていることがわかるだろう。特に，低学年児童の表現にはその子らしさが出てきやすく，言葉以前の感覚的印象や情動が生活科学習の底流に流れている。発達段階から言って低学年児童は，主客未分の認識にとどまり，語彙力も弱い傾向がその背景に横たわっていることは言うまでもない。

　その点，小学校3学年から開始される社会科は主客も次第に分かれて認識できるようになり，何と言っても社会的な視野の拡大が顕著になってくるため，語彙の増加と相俟って社会認識も拡充してくる。5学年にもなれば，「兼業農家」や「輸入・輸出」「季節風」「黒潮」などの専門的な社会科用語もこの時期に多く登場するため，言葉の習得は重要である。

　しかし，社会科嫌いを生み出す要因として社会科用語や概念への理解不足があるのも事実である。3・4学年までは比較的体験学習をもとに公共の仕事の役割や働く人の工夫や努力を扱う場面が多いため，用語や概念と体験知を照合させる思考操作は，うまく運べるが，5・6学年ではうまくはいかない。学習領域も直接体験ができにくい「日本の産業」や「国土の環境」「日

第一部 ■ 言葉の重視と体験の充実

本の歴史」「日本の政治のしくみ」などが登場するからである。ここには，体験だけに比重をかけられない社会科指導の悩みがある。それでも力量のある教師は，工場見学を組んだりゲストティーチャーを教室に呼んだり，実物や実感的資料を児童に提示して体験的な学びを工夫しているが，一般には，教科書と市販の資料集，地図帳の三点で学習させるにとどまっていることが多い。それでも児童の体験知や既習知を想起させて，ロールプレイやワークシート，討論会などを駆使し，主体的な学びを工夫している教師も見られるが，多くは教え込みが否めないのではないだろうか。この点の指導の改善も，本書で実践例を通して提起したい。

表1 生活科「町たんけん」で見られた子どもからのシグナル

子どもからのシグナル	たんけん	ひみつ	じまん
表情 目，顔 笑い方 驚きの声 etc.	薬屋の中を見学する時，さやかの目がキョロキョロし，時々伏し目がちになり，口が半開きになる。 たまみは，目がキョロキョロする。時計屋のショーウィンドーを眺める時，祐司はまばたきが多くなり，口も半開きになる。 金物屋を見学する時，直保は口が半開きになり，下唇をかんでいる。	薬屋のおばさんに質問に答えてもらっていた時，さやかの黒目がくるんと一回転し，舌なめずりをした。 金物屋のおばさんが倉庫の中の商品を説明していた時，祐司の口元がキュッとしまり，まばたきをして，一点をじっと見た。	町たんけんの報告会で発表する時，麻子の顔がぱっと赤くなり，しだいに落ちついたように笑顔に戻る。 かすみは顔の筋肉がゆるみ，うれしそうな笑い顔になる。 自分の生まれた昔の家へつながる道に来た時，雄一は「ぼくんち，コイがいるよ。」とキンキン声をあげて，みんなを呼んだ。
動作 足がひとりでにぎこちなくなる 早く行く 合わせてついていく etc.	商店街を歩いている時，祐司は興味のあるものに気づくと，突然，小走りで近づく。何か発見すると，両手をペンギンのようにしてリズミカルにぴょんぴょん跳ぶ。のぞきこむ。 商店街を歩いている時，美由紀は時々とびあがっている。さやかはリズムをとって歩く。	薬屋の商品を見ていた時，さやかはゆっくりとした足どりで時々，あちこち見まわし，首を傾けたりした。 たまみは，あれこれ手にとって触って見ていた。 金物屋の倉庫に行った時，祐司はじっと立ち止まり，のぞき込み，品物を手で触って，そのにおいをかいでいた。	買い物に行ってきて輝彦は，買ってきたものを高くかざして指で指し示した。 買い物を終えて，教師の姿をみつけた真弓は，飛ぶように歩いて教師に近づき，買ってきたものの袋の口を広げて，「ほら！」とみせる。真由は教師の腕をたたいて，自分の話をきいてくれとせがむ。
言葉 つぶやき 筋道立てて 感性 自分のことばで etc.	金物屋で商品を見ている時，祐司は口の中でモゴモゴと何かつぶやいたり，「オッ，アレ！」と小さくさけぶ。 商店街を歩いている時，雄一は「あっち行ってみるぞ！」とさけぶ。 飲食店の屋根を見て，たまみは「あっ，つばめの巣がある！」とかん高い声でさけぶ。	用水路でゴーゴー音をたてて流れているところへ来て，裕子は「先生，先生。」と大きな声で呼ぶ。 真弓は「あっわかったあ，これだあ。」「ねえこの水，冷たいよ。」とかん高い声で言う。 ガソリンスタンドでお店の人に話をきいて，真弓は「ガソリンスタンドで，お客さんがよく来る時間は夕方だって。」と言う。	買い物を終えて，買ってきたものをみんなに話す時，かすみはいつもより高い大きい声で，決めつける，はっきりとした語調で「お金が余ったから，違うものも買ったんだよ。」と言った。 金物屋で見たことのある工具を，おばさんに説明してもらって輝彦は「知っとる，知っとる。それ木の時も使うでしょ。」と問い返しをした。

出典：『愛知県旭町立小渡小学校研究紀要』（1991年）より抜粋

❸ 体験に言葉を当てはめて経験に昇華させる指導

「スーパーマーケットで買っている人と売っている人は知り合いではないけど，商店街では親しく話をしていてまるで顔見知りのようだ。」「洗濯板は古い道具だけれど，電気洗濯機にも負けないくらい知恵がつまった発明品だ。」「田や畑が多くて，水が得やすい平野に人が多く住んでいる。だから人の行き来を盛んにするため都市を結ぶ交通が平野に発達している。」などといった発言は，授業で培いたい基礎的な知識である。まさに「分かる」という学習の成果につながる一歩であり，その後の社会科らしい思考場面に移行していく上でのステップとなる見方でもある。

「顔見知り」「発明品」「平野」という言葉が生活体験や学習体験をもとに関係性を持って意味づけられる。体験に言葉が当てはめられて経験に昇華する瞬間である。自動車工場を見学して，車に貼り付けてある指示書や部品箱に貼られたラベルなどに注目させて，「流れ作業」とか「カンバン方式」などといった工場ならではの用語を教える場面でも経験知への昇華場面は見られる。つまり，見学や聞き取り，作業的学習などの直接体験，あるいは映像や資料の読み取りといった間接的な情報による類推などを通して社会事象を認知し，そこに言葉が当てはめられて解釈に至る。その解釈が，転移・応用的な知識としてその子に定着（習得）した結果，体験は経験に高められる。確かな経験知に高められた知識や技能は，その後，類似の課題に出会ったら自発的に再び用いられ，社会的な見方や考え方を深めていく。

教師の指導にもそういった経験知への昇華を手助けする配慮が求められる。例えば，「武士の世の中」の学習で書院造を学ぶ際，教師の自宅にある床の間や近くの公民館にある茶室を写真に撮り，教材として示し，現代に室町文化がつながっている事実を示す工夫をするか否かで，書院造への理解に大きな差が生じることになる。書院造という形式が，和室として身近に存在するといった一般化は，同時に経験知に昇華させる教師の手立てとも言える。

④ 対話や討論で伸ばす言語力

　他者，モノ，自己との対話は，経験知を磨く作用がある。社会科は新しい社会的な知識や技能を獲得させる役目を担う教科であるが，同時に社会的な思考力や公民的資質の基礎となる社会性・市民性にかかわる資質の育成も担っている。これらは，個としての調べ学習だけでは形成できず，学級の仲間や社会人（ゲストティーチャー），教師などとの協同学習を通して培われる。協同学習という体験は，モノ（教材）の見方を多面的に促す。例えば，日本の食料生産の学習で，生産者（農家）の利益を考える立場に立てば，農薬の使用も理解できるが，消費者の立場から考えれば，農薬使用を嫌がる考えに立つことになる。立場を変えて多面的に思考する学習を通して日本の農業が抱えている問題に迫っていくことができる。

　多面的な思考過程は，自己との対話も促す効果がある。「社会的ジレンマ」といった段階にまで問題意識が高まった際に自己との対話が深まる。農薬を使わなければ生産効率（利益）はあがらない，しかし食の安全も大事だ，自分だったら安い農産品を買うか，それとも高いが安全な農産品を買うかといった意思決定までも促す場面が社会科では見られる。「他者，モノ，自己との対話」を深めつつ，社会事象への理解や解釈が一層深まり，広い視野と新しい見方を獲得できる。さらに，討論といった協同学習を単元終末においた場合，社会事象が「自分ごと」としてその子の内面に強く捉えられ，一種のこだわりが生まれる。討論に際し，根拠を再度確かめようとする動きが出てきて論議が深まっていく。先にあげた日本の食料生産を話題にすれば，これからの日本の食料生産はどうすればいいか，遠い場所から多くの食材を輸入し，フードマイレージ（食料の量×輸送距離）の高い食料に囲まれていいのか，日本の農業・水産業はどうあったら持続可能な産業として続いていけるのか，などといったテーマで討論会が成立する。言語力に磨きをかける学習場面でもあり，言語を通して思考や表現の力を伸ばす機会になる。（寺本潔）

●第二章　対話を通して育まれる思考

1 はじめに

　言葉を使い，対話することで思考力を育てよう。これが本章で一番言いたいことである。そのことを論じる前に，まずは言語力と思考力との関係を整理しておこう。

2 言語力と思考力の関係

　言語力とは何か。これはひょっとしたら，分かるようで分からないような概念なのではないかと思う。言語力とは「自らの考えを深め，他者とコミュニケーションを行うために言語を運用するのに必要な能力」とされている。そう言われると分かるような気もする。しかし，ではそれは思考力やコミュニケーション能力とはどう違うのかと聞かれると，とたんに答えるのが難しくなるのではないだろうか。

　言語力は，思考力やコミュニケーション能力とは別の能力なのだろうか（図1のA）。そして，「言語力」を何らかの方法で育てると思考力やコミュニケーション能力が高まるのだろうか（図1のB）。そうではないだろう。思考やコミュニケーションそのものの中に，すでに言葉は含まれているのだから。では言語力とは，思考力やコミュニケーション能力の中に，共通の核として存在するものなのだろうか（図1のC）。しかし，思考に必要な言葉の力と，コミュニケーションに必要な言葉の力は，重なる部分はあるだろうが，かなり異なっていると考えるほうが自然なのではないだろうか。

　言語力と思考力の関係なんてどうでもいいんじゃないの？　そう思っている人もいるかもしれない。しかしこれらの関係をどう考えるかは，これらをどのように育てればよいか，という問題と直結する。だからこの問題はきちんと押さえておいたほうがよい。

　思考力の育成に関して言うならば，思考力を高めるためには，思考そのものにアプローチすべきである。当たり前といえば当たり前のことだが，それ

以上でもそれ以下でもない。そういう意味では，思考力育成を考えるにあたって，「言語力」という概念はなくてもあまり問題ない。ただし，思考を行う上でも，また思考力を育てる上でも，「ことば」は重要な役割を果たすことが多い。そこで，思考力を育てる際には（その他の能力を育てる際にも）言葉に意識的に注意を向けてみましょう，という意味が「言語力の育成」という言葉に込められていると考えるとよい（図2）。

　この捉え方は，ひょっとしたら本書内でも論者によって異なるかもしれない。しかし，少なくとも思考力育成との関係で言語力を考えるのであれば，このように捉えるのが最もすっきりすると筆者は考える。

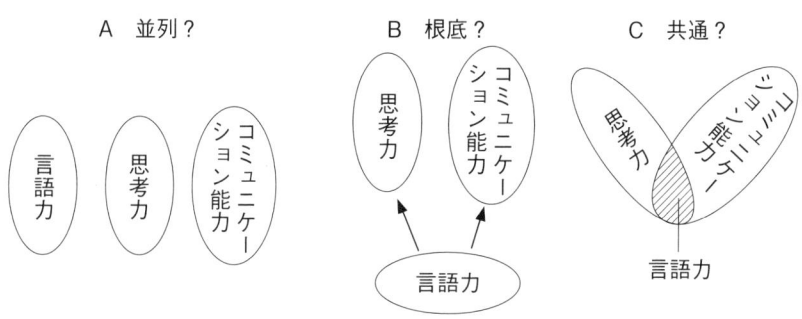

図1　言語力ってこんなイメージ？

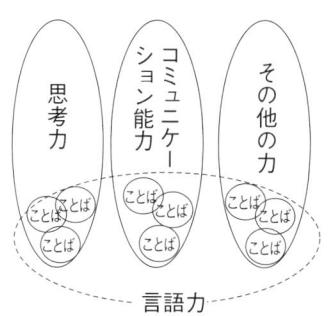

図2　思考と言語力の関係

③ 思考力の育成

　では「ことば」を意識したとき，思考力の育成はどのようになるだろうか。そのことを論じる前に，まずは，「思考力を育てる」とはどういうことか，について簡単に論じておこう。

　思考力を育てるためには，たとえば筋道を立てて考えを説明するやり方を学んだり，ディベートのような形式を学んだりする必要があるだろうか。それらは有効な場合もあるだろうが，そのようなことを必ず学ばなければならないとは筆者は考えない。なぜならば，「誰でも考える力はもっている」からである。大人はもちろんのこと，小学生でも幼稚園児でも，考えるべきときにはきちんと考えている。

　では子どもたちを見ているときに，「ちゃんと考えてごらん」「もっと頭を使ってよ」と言いたくなるのはなぜなのだろうか。それは，親なり教師なりの視点で見たときに，ここは考えるべき場面だ，このぐらいのことは考えられるだろう，という期待があったとき，そしてその期待が裏切られたときにこういう言葉を発してしまうのである。そのように誰かの視点で場面を限定してみたときには，「ちゃんと考えればいいのに」と思うのに実際には考えていない，なんてことはよくある。それは大人でも同じである。逆に場面を限定しなければ，人は誰でも考える力を持っているといえる。

　では，考える力が育つのはどのようなときであろうか。それは第一には，考えたいと思えるような状況があり，考えたくなるような題材に出会ったときであろう。考えたいと思わなければ，考える力をもっていたとしてもそもそもその力は発揮されない。考えたいと思える題材と出会い，自分なりに考える力を発揮してみる。そのうえで，自分の考えを一歩広げたり深めたりできる経験を積み重ねることが，考える力を伸ばすことにつながるのである。そう考えるならば，思考力を育てるということは，持っている思考力を発揮したくなるような場をいかにつくるか，すなわち，いかに思考を刺激する状

況をつくるかということとほぼ同義である。そこで，ただ刺激するだけでなく，いかにしてそれを持っている以上のものに広げたり深めたりできるかが重要となるであろう。ではいかに思考を刺激し深める状況をつくるか。そこで本章のキーワードである「対話」が出てくるのである。

❹ 対話を通して思考力育成

　一般的に言って，適切な題材のもとで適切な人と話し合うのは，とても頭を使い，思考が刺激されることである。

　自分の考えを相手にわかってもらえるように説明しなければいけないし，こちらの説明に対して，相手から質問されるかもしれない。こちらの考えがないときでも，他の人の考えに触れることができる。そこで知識が得られたり，自分とは違う経験の話が聞けたり，相手の話に納得したりすることは，自分の考えが生まれるもととなるかもしれない。疑問が生まれたり納得できなかったりすればさらにチャンスである。相手の考えに触発されて，自分の考えが生まれたり，膨らんだりするかもしれない。

　そこまでいかなくても，自分が考えもしなかったことを考える人がいることに気づいたり，自分が当然だと思っていたことを当然だと思わない人がいることにびっくりしたり，異質に思える他人の意見を理解しようとしたり，自分の意見との違いを考えたり，どう説明したら分かってもらえるだろうかと考えることも，考えが深まる契機となる。

　これらはまさに，対話を通して，思考が刺激され，深まっているということである。このような状況を作ることが思考力を育てるための要（かなめ）と言っても過言ではないであろう。

　しかしここで注意すべきことは，他人と話し合うことが，いつもいつも思考につながるわけではないことである。誰かの話に対して，他の参加者があまり関心を示さず，あいづちを打つ程度で話が途切れてしまうこともある。あるいは，誰か声の大きい人や自分の意見に固執する人がいると，お互いの

意見を深め合うことなく，参加者が十分に納得しないままに一つの意見のみが通ってしまうこともあるかもしれない。さらには，観点や方向性の異なる意見があることは考えを深める契機になるはずなのに，安易な多数決なり妥協なりによって，形の上だけで合意してしまうこともある。それは，思考を深める対話とは言えない。

　ではそうならないためにはどうしたらよいのか。おそらくこれには，こうすればOKという唯一絶対の答えはないであろう。むしろ，授業における対話をどのように深めていくことができるかに着目しながら，自分の実践を振り返ったり他人の授業を観察したり，あるいは以降の章（とくに第二部の実践）を読んでほしい。

　もっとも，これだけで終わるのは無責任なので，一般論として言えることを述べておこう。基本的には，考えたくなるような適切な題材があり，その上で，全員が楽しく話し合いに参加できる雰囲気があることが重要であろう。そのためには，どんな考えでもくだらないと切り捨てたり否定したりするのではなく，一人ひとりの意見に耳を傾けて丁寧に考えや理由を聞いていくことである。また，一人ひとりの意見に対して「ああでもない，こうでもない」と話し合っていく中で，新たな発見があったり別の結論が見えたりすることもあることを，できれば実感として体験していくことも重要だろう。

5 他人以外とも対話しよう

　ここまでの話では，もっぱら「他人との対話」の話をしてきた。しかし対話は，人との間だけで行われるわけではない。

　たとえば「モノ」と対話をすることができる。何かの具体物があったときに，触ってみる，いろいろな角度から眺めてみる，動かしてみる，遊んでみる，重さや手触りを感じてみる，使われているところを想像し，やってみたりするのである。そのようなモノとのやり取りが生まれれば，それはまさしく「対話」であり，そうとうに思考を刺激するはずである。

「モノとの対話」は，具体物がない場合でもできる。話し合いをしているときに，ごちゃごちゃしてきたり，堂々巡りになったり，行き詰ってしまうことがある。そんなときには，紙の上に箇条書きにしてみたり，図を書いてみたり，あるいはカードに書いて似ているものを集めてみたり，似ていないもの同士の関係を考えてみたり，と手を動かしながら考えてみる。これもモノとの対話であり，停滞していた思考をてきめんに刺激する。声という消えやすくつかみにくいものを，「文字」として定着し，それを動かしてみることが有効に働くのであろう。

　また，「自己」と対話することも重要である。そもそも思考は自己内対話と言われるぐらいで，対話的な要素を持ってはいるのだが，それを意識的にやってみるのである。自分の考えに対して，「本当にそう言えるのかな」「他には考えられないかな」「何かおかしくないかな」「もっとくわしくしてみたらどうなるかな」「他の人が聞いたら何と言うだろうか」などの言葉で自分に問いかけてみるのである。あるいは，自分がやってきたことや考えたことを言葉にまとめて振り返ることも，自己との対話である。それは他者がいなくてもモノがなくてもできる対話であり，これが意識的にできるようになれば，思考力は飛躍的に高まるだろう。

　以上のような，他者，モノ，自己との対話を促すことで思考を高める道筋をイメージしながら対話のための場づくりをすることが，思考力を育てるための教師の役割と言えよう。（道田泰司）

●第三章　対話を生む授業の要件

1 言語力が支える対話のある授業

　授業という場で行われる活発な話し合い活動（ここでは「対話」と呼ぶことにしたい）をいかに生み出すかは、教師にとって身に付けたい重要な姿勢である。ＰＩＳＡ型学力向上の要である異質な他者と協同する学びの実現のために、対話は欠かせない。授業は、教師と子ども、そして教材の三者がなくては成立しないことは明白であるが、対話がそれらを円滑につなぐ潤滑油のような役割を担っていることを私たちは再認識する必要がある。対話が少ない授業は思考の広がりや深まりも弱く、当然表現も浅いものになる。かといっていわゆる「ハイハイ授業」のように元気よく挙手を争うだけの授業場面も対話が豊かとは言えない。真摯に仲間の意見に耳を傾け、自己内対話も進めながら批判的に物事を考え、多面的に熟考できる子どもを育成したいものである。

　しかし、いきなり、そのような子どもを育成することはできない。対話を支えてくれる言語力そのものを確かなものとして養っておかなくてはならないからだ。もちろん、語彙を増やす、学級の人間関係を改善する、対話のマナーを身に付けさせるなども大事であるが、まず第一に基本的な国語力を重視したい。

　例えば、「新潟県でおいしいお米がとれるわけは、統計を見ると夏の日照時間と気温が関係しているのではないか（分析）」、「もし、雪解け水が少なかったら、美味しいお米はとれないのではないか（推理）」「例えば、秋田こまちの場合は……（具体化）」「魚沼産のコシヒカリと北海道のきららを比べてみると……（比較・分析）」「まとめて言えば、東北地方は日本の米どころといえる（抽象化）」「日本の米は美味しさを追究した点はよかったが、外国産と比べてかなり高い（評価）」などといった言いまわし方がスムーズにできることが、基本的な国語力を身に付けている状態と言える。対話は国語力（言語力の基礎）の習得が前提であり、国語をはじめ、授業や学級指導を通

して日常的に国語力を磨いていくことを並行して指導しなくてはならない。

❷ 吟味する対話

　児童が社会的事物・事象に出会った際に社会的なものの見方・考え方に立った発言が未だ十分にできない場合,「吟味する対話」を促すにはどうすればよいだろうか。筆者が経験した事例で恐縮だが, 日本の米作りと私たちの食生活を学ぶ単元で次のような話し合い場面が見られたので紹介したい。

Ｔ：みなさんはごはんが好きですか, それともパンが好きですか？　お互い, その理由を述べ合いましょう。

Ｃ：わたしはパンが好きです。なぜかというと……。ごはんは, ねばねばしていて口当たりが悪いし, 手にくっついたりするからです。

Ｃ：どうして, ごはんはねばねばするのですか？

Ｔ：その問い方は社会科ではありませんよ。ごはんの性質に質問の的がいってしまっているからです。社会科として吟味する話し合い方はそうではありません。パンが好きな人は, パン食がごはん食よりも優れている点を, ごはん食が好きな人はごはん食がパン食よりも優れている点を述べなければ理由を述べたことになりません。社会科の吟味の仕方は, 社会生活に結び付けて相手に質問したり, 相手の発言の背景をたずねたり, 社会的な事物・事象を比べて理由をたずねたりする方法を指しています。ごはん食かパン食かを論じる場合でもごはんやパンの理科的な内容に関心を持っていくのでなく, 例えば, パン食は忙しい朝食の支度をするには手間がかからず便利であること, いろんなジャムやバターを塗ることができて味がいろいろつけやすいので洋食に合うことなどを理由として答えてくれるように聞くのが社会科的なのです。一方, ごはん食が好きな人は, ごはんはおかずと一緒に食べると食べやすいこと, 腹持ちがよくてほかに間食をしなくてもよいこと, 朝のごはんの炊けるにおいが好きなことなどをあげるといいでしょう。そうした答えが出てくることが社会科的な「吟味する対話」と言えるのです。

つまり，単に「ごはんがいいのか，パンがいいのか」を論議する中で発言数を競うだけでなく，発言内容が社会科的であるか否かを意識しながら発言するように児童に求めることが，大切なのである。体験したことに言葉を当てはめて発言し，この言い回し方でいいか，自分の言いたいことはこの表現で相手に伝わるかを瞬時に判断しながら私たちは日常の対話や会話を行っている。第一章でも述べられているが，体験の言語化を通して経験に昇華する際に，その体験を吟味する反省（reflection）という自分の中での思いをめぐらす行為がなくてはただの体験に終わってしまう。体験 →（反省）→言語化 →（反省）→経験に至る一連の思索のプロセスこそ吟味であり，吟味が至るところに配慮された対話こそ，教師と児童の信頼関係及び児童相互の好ましい人間関係を育てることにつながる。そのためにも教師は，言語に関する能力の育成を図る上で必要な言語環境を整え，児童の言語活動を充実させたい。社会科授業においては，反省とは社会生活を営む上での知識（意味）や概念（用語）に体験を当てはめて認知させ，社会を見ていく見方・考え方を科学的な知として獲得させることである。

❸ 言語環境の整え方

　言語環境を整えると述べたが，何をどうすれば整えられるのであろうか。小学校低学年では，「声のものさし」（声の大きさを対人距離との関係で説明した図やイラスト）と書いた紙を教室に貼り，「わたしのおたずねしたいことは……です。」「～と思います。聞いてくれてありがとう。」などと一定の発言のマナーのような指導も必要となるが，社会科が始まる中・高学年では，次の二つの配慮と一つの準備を教師は児童に促したい。

　ひとつは「聞き方」に関する配慮である。ポイントは三つある。

①話し手は自分に向けて話しているのか，それともほかの対象を意識して話しているのかを意識する。
②話し手は，どんな根拠に基づいて説明しているのか。誰かの話をつなげているのか考えながら聞く。
③話し手の説明が分からなくなったら，分からない箇所をメモするなり記憶するなりして，すぐに説明を求める姿勢で聞く。

次に，「伝え方」に関する配慮である。これにも三つのポイントがある。

①聞き手は自分の話を相手がちゃんと聞いているか意識しながら伝える。
②自分の考えや根拠（理由）をどのように伝えれば効果的かを考えながら伝えようと努める。
③説明の仕方や言い方を工夫しながら伝える

また，一つの準備とは，教室に地図や新聞記事，年表，実物，図書などを常備し，社会科的な言語環境を備品面からも整備しておくことである。児童に対しても対話で登場してきた社会事象の場所を地図で確認させたり，新聞から社会で起きている出来事に関心を抱かせたりして注意を喚起する指導が必要である。

4 対話の要件と他者の理解

対話には，能動的な聞き方と伝え方がその要件に備わっていなくてはならない。相手の話に半ば無関心なままでは，対話はうまくいかない。その意味で，対話の要件に他者の理解が不可欠なのは言うまでもない。他者から発せられる言葉を，自分が理解できるか，共感できるか，そうではないか，言葉のリズムや抑揚に込められたニュアンスのような暗示に対して敏感に感受できるか，異質な意見を持っている他者を認めることができるかなどが，対話を進めていく要件になる。

社会科の授業を例にして説明しよう。5年生の単元にある「国土を守る森林の役割」について意見を出し合う場面で，水の確保のために森林が伐採さ

れてダムがつくられている現実を目にして，A男が「ダム建設はやめてほしい。節水をもっと進めればダムはいらなくなる。」と発言したことに対して，B子が「毎日お風呂には入りたいし，農業でもたくさんの水を使うでしょ？」と暗示めいた言葉をつぶやくように言った。それを受けて，C男が「水を使う人みんなでお金を出し合い，森を増やす資金にしていく。」と森林環境税に近い発想を披露する場面など，対話によって思索が深まり，社会科として高いレベルの知識へと移行し，他者を理解しつつ，反省的な学びを取り入れて社会科のねらいに到達していく例といえる。

⑤ 暗黙知を明示させることで対話が生まれる

　体験や感覚的な印象，習慣として身に付いた行為からくる好みなど，暗黙のうちに人は様々な価値意識を身に付けている。子どもの場合も同様で，大人から指示されたことや自己中心的な見方で物事を捉えている場合がある。社会科の場合，横断歩道を青で渡れば安全だという意識，地元の農産品は美味しいという先入観，日本は資源が少ないという見方，武士（侍）は勇ましいというイメージなど，例を挙げればいくつでもある。そういった暗黙のうちに形成された意識を言葉で表現させ，ノートや黒板に書き記し，視覚化させることで明示できて対話が進みだすことがある。くわしくは後述する「おたずねマップ」の章（第三部第一章）を参照してもらいたいが，社会科の学習資料を提示して，「ここから何が分かりますか？」と問いかけることから，暗黙知が引き出される。例えば，地元の市にある複数のデパートの売り場の案内図を示し，読み取らせれば，子どもたちも行った経験から「1階にはお母さんがよく買う化粧品売り場がある。」「二階はお姉さんが好きな女性向けの服売り場があって，僕の好きなおもちゃ売り場は8階まで上がらなくてはいけない。」「どのデパートでも地下に食品売り場があった。」というように暗黙のうちに捉えているデパートの売り場についての体験談を語り始める。黒板に，二つのデパートの売り場図を左右に分けて図示し，子どもから発言

された「分かること」を列記すれば，おおよそ二つのデパートが同じ配置で売り場を作っていることに気づき，「階によって売り場が決められているのかな？」「売り場になにか決まりでもあるのかな？」という疑問が自然に生じてくる。著名な社会科教師である有田和正氏によるデパートを扱った授業実践がその代表例であるが，社会を見る目を養う上で，暗黙知を引き出す作業は学習問題を子どもとともにつくり出す際に大切な指導の手立てとなる。

　次に，売り場に，もし決まりでもあるならば，きっと何かいい点があるからそう決まっているのではないか，デパート側はお客さんの買いやすいように売り場を配置するだけでなく，もうけも大きくしないといけないはずだから，何か売り場の配置にひみつでもあるのではないか，と考えるように至るはずである。その際，子どもたちに最も興味関心を抱かせるおもちゃ売り場と食品売り場の階に学習の的を絞り，「どうしてどのデパートも8階（もしくは上階）におもちゃ売り場が，地階に食品売り場があるのでしょうか？」と鍵となる発問を繰り出すことに成功すれば，社会事象への探究意欲は高まるはずである。一般に，シャワー効果と呼ばれる消費者のデパート内における買い物の動線を考えた配置の工夫に気づいていくことで，デパートを見る目が大きく変わる学習効果がもたらされる。（山内かおり・寺本　潔）

第二部
言語力が育つ授業実践
－小学校社会を題材にして－

[愛着から豊かな表現が生まれる]

●第一章 個をつなぐ教師の働きかけによる授業

1 社会科における協同思考（対話で学び合う授業）の捉え

　筆者らは，個々の子どもが歴史的・社会的事象に正面から向き合い，互いの考え方の違いを意識しながら展開していく，対話で学び合う授業を重視している。社会科における対話は，子どもが直面した社会的事象についての思考や感情，実感を言葉を介して仲間に理解させようとすると同時に，仲間の考えを十分に理解し共通点を見出すことから始まる。つまり，自分と仲間との間の社会的なものの見方・考え方の違いを見逃さず，その中身や矛盾・対立点にこだわり，これらを明らかにしていくことが，個々の子どもの社会認識を広げ，子どもの思考活動による新しい展開（高次の見方・捉え方）に到達するものと考えている。

　以上のことから，社会科の授業における対話での学び合いは，社会的事象に関する認識の深まりを期待するものであるから，社会科の学力の中心的要素である，思考力（社会的事象を対象化し客観的に捉える力）と判断力（客観的把握をふまえ，事象を自分に引きつけ，適切に捉える力）を主に培うものであると考える。子どもの思考・判断力は，仲間との対話により吟味されることで，より科学的な思考活動を促し，社会生活を広い視野から捉え直し，総合的に理解することにつながるものである。それが，社会科教育の究極の目標である公民的資質の基礎を養うと同時に，「豊かな学び」を構築する第一歩になるものと考えている。

2 社会科における対話での学び合い

　社会科における協同思考（対話で学び合う授業）の具体的な場面として，「出会い」と対話（「向かい合い」「聴き合い」「練り合い」）が想定できる。以下，それぞれについて述べることにする。

[**出会い**]　地域における調査・観察活動，見学活動，実体験活動などを通して，個別・具体的に他者・モノ・自己とかかわり，社会的事象に対する関心・

意欲を高め，疑問や問題意識が発現することである。

［向かい合い］　出会いの場面で生まれた疑問や問題意識を自分のこととして切り結び，切実な問題として捉えたり，社会的事象に対する自分の意見や感情を個別・具体的に整理したりして仲間とそれらをつき合わせようとすることである。

［聴き合い］　社会的事象に対する自分の見方や考え方と仲間のそれとの共通点や違いを見出し相互に理解すること。または，新しく得られた仲間の考えや意見との間にズレ（食い違い）があることに気づき，様々な社会的なものの見方・考え方があることを認識することである。

［練り合い］　自分の実感，体験，価値観をまるごと引きずりながら，仲間と意見や考えをたたかわせることで，自己の社会的認識を深めるとともに新たな見方・捉え方を目ざし，社会生活における自分の生き方を見つめ直すことである。

３ 目ざす子どもの姿

> 対話で学び合うことを通して，社会生活の様々な場面で多面的に考えたり，公正に判断したりすることができる子

「目ざす子どもの姿」を小６単元「日本国憲法と沖縄」を設定し，取り組むことにした。以下にその授業記録を掲載したい。

(1)　単元名（６年）　日本国憲法と沖縄－基地の中の沖縄－
(2)　単元について

①児童観

　子どもの中には，イラク戦争や北朝鮮をめぐる動向など時事問題に関心を持つ者もいるが，沖縄の基地問題と関連して捉えているわけではない。また，学級の子どもの半数が宜野湾市に住み，普天間基地の移設問題や宜野湾市長選挙のことを話題にする場面も時折見られたが，断片的な情報であり，事実関係の掌握についても不十分である。本単元で取り上げる沖縄の基地につい

てのアンケート調査（2003.4.22）においても，県内にある米軍基地の存在について嘉手納基地や普天間基地をあげるのは半数程に留まり，基地をめぐる問題については，騒音や飛行機の墜落事故，普天間基地の返還問題を述べる回答が若干見られた程度である。基地問題をめぐる基礎的な事実関係をふまえて，沖縄問題を考えさせる必要がある。

②**教材観**

戦後27年に及ぶアメリカの沖縄占領の間，沖縄の人々の権利は制限され，1972年の沖縄の本土返還後においてもなおアメリカの軍事基地が集中し，県民には重圧感がある。日本国憲法が平和主義を唱えているものの，米軍基地には，県民の生命と財産を脅かしているという問題がある。沖縄の数ある基地・施設の中でも学級の子どもにとって身近な普天間基地をめぐる問題を取り上げることで，日本国憲法の平和主義と米軍基地との関係を考えたり，これからも国の政治や国際社会とともにさらに解決を目ざすべき課題があることを捉えたりして，日本は平和で豊かな国づくりのためにどのような道を歩むべきかを考えたい。

③**指導観**

時事問題は，対象そのものが生々しく現在進行形であるため結果が予測できない，教材研究の平板さが原因となって偏った角度から指導することになる可能性がある，などの理由により授業で扱うのが難しい。時事問題を扱う際の難しさを痛感しながら，あえて授業の中で取り上げるメリットは何か。それは，教師も子どもも，時代の変化に敏感かつ柔軟に対応して（時事）問題を的確につかみ，調べ，お互いの考えを出し合ったり，意見を交わしたりすることで様々な考え方があることに気づき，互いに問題解決の方向性を見出す力，その問題の対応に心をくだく力をつける必要があるからである。

本単元においては，日本国憲法の精神をふまえ，その後の日本の歩みの中で，沖縄が切り離されアメリカの占領下におかれた事実を調べ，見学活動を通して基地と隣り合わせで生活している人々の気持ちを実感を伴って理解さ

せたいと考えている。そこから生まれる個々の認識を出し合い，意見をつき合わせながら，日本国憲法と沖縄の基地問題を関連させて捉えさせたい。

(3) 単元目標

　戦後，日本国憲法が制定され，民主的な改革が行われたことについて理解し，また，平和で豊かな世界を実現していくためには，沖縄の基地問題をはじめとする国内外の残されている諸問題に気づくことができるようにする。

(4) 単元の仮説

　日本国憲法の平和主義と沖縄の問題状況について考える場において，子どもが調べた事実をもとに対話で学び合う場を効果的に設定すれば，様々な見方・考え方があることに気づき，憲法と沖縄の関係を客観的・適切に捉える力が育ち，さらに日本国憲法の精神の実現のためには，解決を目ざすべき課題が国内外にあることについても関心と意欲を持つであろう。

(5) 指導計画（12時間）

主な学習活動と時間数	活動のポイント
学習活動Ⅰ もう戦争はしない ［2時間］	【出会い】『新しい憲法のはなし』（昭和22年発行文部省作成）の挿絵から，「戦争放棄」の考えを読み取り，民主的な社会の実現を目ざして，日本国憲法が制定されたことや，三大原則（平和主義，国民主権，基本的人権の尊重）の内容について調べる。
平和条約と安保条約 ［2時間］	【出会い】日本が独立を回復したと同時に，沖縄が引き続きアメリカの支配下におかれ，基地建設が進んだことについて理解し，沖縄の戦後の歩みについて関心を深める。

学習活動Ⅱ もう戦争はしない ［2時間］	【出会い】嘉数(かかず)高台から普天間基地を視察しながら，基地の歴史と機能，役割，問題などについて職員（宜野湾市役所基地渉外課）の話を聞き，基地と隣り合わせで生活している市民の実態を実感する。また，在日米軍基地の75％が沖縄島の中北部に集中し，宜野湾市の面積の1/4が基地に占有されていることを資料を通して理解する。
	【出会い】島ぐるみの土地闘争，宮森小学校ジェット機墜落事件（石川市，1959年），ジェット機墜落事件（具志川市，1961年）を取り上げ，沖縄の人々の基地被害の実態を理解する。特に，具志川市のジェット機墜落事件に遭遇した金城善孝氏の証言（2002年8月収録，未発表）と当時の写真（同月入手，未発表）を視聴したり，金城氏と電話インタビューを通して基地被害の実態を理解する。
平和条約と安保条約 ［2時間］	【向かい合い】普天間基地をめぐってどのような問題が起こっているのかを調べ，問題を集約し，これに対する自分の考えをまとめる。
	【向かい合い】基地の移設をめぐる議論と移設先（辺野古）の状況について理解し，自分なりの考えで移設問題を捉える。
	【聴き合い】【練り合い】普天間基地の県内移設について考え，沖縄の基地問題の現状と難しさについて認識を深め，主体的に基地問題と向き合うことができる。

日本国憲法を生かす ［1時間］	【出会い】日本国憲法で謳う平和で豊かな世界を築くためには，さらに解決を目ざすべき課題があることを調べる。

(6) 実践の結果と考察

①学習活動Ⅰの検証

　戦後の日本は平和国家を目ざしてどのように出発したのかについて考え，調べることは大切である。そこで，15年戦争後の日本国民の戦争や平和国家建設に対する願いや思いに迫るため，『あたらしい憲法のはなし』（文部省作成）の挿絵を提示した。挿絵から読みとれることについて聴き合い，板書していく中で，挿絵のもっている意味をまとめた。次ページ資料①は，挿絵の読み取りからそれのもつ意味をめぐっての子どもたちの聴き合いの様子である。

『あたらしい憲法のはなし』さし絵

〔挿絵〕⇒読みから意味へ

T：『あたらしい憲法のはなし』の挿絵では，どんなものを溶かしていますか？
C1：戦争で使った飛行機を溶かしている。
C2：軍艦も溶かしているよ。
C3：魚雷もあるよ。
C4：煙突もあるから，工場も溶かしているのかな？
T：どんな工場を溶かしているのかな？
C5：戦争で使う武器を作っている工場だろう。
C6：それって「軍需工場」のことでしょう。
T：溶かしたものから，何を作っているのかな？
C7：電車や船，自動車を作っているよ。
C8：大きな建物もあるよ。
C9：鉄塔もある。

T：これまで挿絵についての話し合いをしてきたけど，この挿絵は，一体どんな気持ちをこめて描かれたのかな？
C6：戦争で使ったものを溶かして，生活に役立つものを作りたいのだと思う。
T：今の意見と関連して，他にありませんか？
C5：昔の漢字だけど，「戰爭放棄」と書いてある。「放棄」を辞典で調べると，「捨てる」と書いてあったので，戦争をやめることだと思う。
C7：15年もの間，日本は戦争をずっとしてきたので，もう，戦争はしないと誓うものだと思う。
C5：戦争が終わったときの国民の気持ちを表していると思う。

【資料①：挿絵の読みと意味】

　挿絵の読みと意味をめぐる聴き合いの後，平和で民主的な国家の建設を目ざした日本国憲法の制定と内容について調べさせた。憲法については，平和主義や国民主権，基本的な人権を尊重するという三大原則があることや個々の原則の内容についても追究し，個々の調べてきたことについて聴き合った。その中では，平和主義を謳う憲法第9条と自衛隊の存在を問うことであり，また，沖縄県民の生存権とアメリカ軍基地について意見を出したC6とC3の発言は注目できる（資料②）。

> C6：憲法第9条では，戦力はもたないと書いてあるのに，自衛隊があるのはおかしい。
> C2：自衛隊は戦力ではないから，もってもいいと思います。
> C3：自衛隊は戦力になると思います。だって，自衛隊は，戦闘機やイージス艦などももっているので，はっきり言って軍隊だ。
> C6：最初は警察予備隊というものだったけど，だんだん，力がついてきて，今のようになったんだ。
> C7：警察予備隊の時には，何も問題はなかったけど，やっぱり，今の自衛隊は，力が大きいので，憲法の戦力にあたるんだと思う。
> C3：憲法の平和主義の考えはいいけど，今では自衛隊もあるので，ズレてきているんじゃないか。
> C6：日本は戦争をしないって誓って憲法をつくったのに，自衛隊もあって難しい。憲法では，一人ひとりの命が大切にされると書いてあるのに，沖縄には，アメリカの基地があって危ないのじゃないか。
> C3：C6君の考えにつけたしですが，僕は，沖縄にアメリカ軍の基地があるから，沖縄の人々の生存権がおびやかされていると思います。

【資料②：憲法第9条と自衛隊】

　子どもたちの問いは，なぜ，沖縄にアメリカ軍基地があるのか，に向けられた。それで，子どもたちは，日本が独立を回復したと同時に，沖縄が引き続きアメリカの支配下におかれ，基地建設が進んだことについて調べた。子どもたちが調べた平和条約の主たる内容は，台湾，南樺太，千島列島，沖縄などに対する日本政府の権利の放棄であり，安保条約の内容は，アメリカ軍基地を日本国内におくことができるというものである。また，沖縄では，アメリカ軍基地の拡張のために土地の強制接収が行われたり，軍用機の事故で住民が巻き添えになったりする被害についても気づき始めた。子どもたちは，日本国憲法が制定された意義や内容をテキストを通して出会い，資料①のC5の「戦争をやめる」と誓った当時の国民の気持ちにふれ，その発言とかかわってC7の「戦争はしないと誓うもの」がある。戦争放棄（平和主義）を謳っ

た現憲法であるが，自衛隊の存在と第9条との関連を考える中で，資料②のC6（自衛隊があるのはおかしい），C3（自衛隊は戦力になる），C7（憲法の戦力にあたる）は，大きな矛盾を抱くようになる。特に，C6の「憲法では，一人ひとりの命が大切にされると書いてあるのに，沖縄には，アメリカの基地があって危ない」とし，これを聴いていたC3は，「沖縄の人々の生存権が脅かされている」と発言している。これらのことから，子どもたちは，日本国憲法の制定の意義や内容をふまえながらも，今日において，憲法は，現実の場面で大きな壁に直面しているのではないかと考えるようになる。とりわけ，沖縄の基地と憲法で規定する生存権保障を関連づけた点は，その後の授業展開からいっても大切である。

②学習活動Ⅱの検証

沖縄にあるアメリカ軍基地をめぐる現状と諸問題を実感させるために，宜野湾市の嘉数高台から普天間基地を視察した。基地の歴史と機能，役割，問題などについて宜野湾市役所基地渉外課職員の話を聞き（写真①），基地と隣り合わせで生活している市民の実態を実感した。職員の説明後，活発な質疑が行われた。現在のところ，普天間基地発着の軍用機の墜落による県民の人身被害はない。しかし，これまでに多くの被害があったことをつかませる

写真① 基地の話を聴く子どもたち

ために，基地を建設するために伊佐浜の土地闘争，宮森小学校ジェット機墜落事件，具志川市ジェット機墜落事件を取り上げ，沖縄の人々の基地被害の実態を紹介した。特に，具志川市のジェット機墜落事件に遭遇した金城善孝さんの証言（録音）や当時の写真を視聴したり，電話インタビューを試みたりした。金城善孝さんと電話インタビューを終えた子どもの感想カードには，「事件にまきこまれてこわかったのだろう」「飛行機が落ちることは大変こわい」など，当事者に対して共感的であった。

基地の歴史	・基地ができる前，16の集落があり，さつまいも，さとうきび，野菜が作られていた。 ・沖縄戦が始まる前から，アメリカ軍の偵察機が来て，一番平坦で広大な地域だったから普天間基地を作った。 ・ベトナム戦争の時は，普天間基地から軍用機が飛び立った。沖縄は，被害者と加害者の二つの顔をもっている。
基地の現状	・普天間基地は約480haである。東京ドーム約10個分。 ・宜野湾市の1/4が基地にとられている。 ・全国にあるアメリカ軍基地の約75％が沖縄にある。 ・基地は，宜野湾市のちょうど真ん中にあり，滑走路の長さは2800m，幅46mある。 ・普天間基地の軍用機は，ベトナム戦争時代の昔のもの。きちんと点検しないと墜落とかしたりして危険なもの。 ・基地の中に土地をもっている人が約2700人もいる。
基地の問題点	・71機（視察時－2003年）の軍用機があるため，騒音がすごい。不安を抱えている人が多い。 ・町の真ん中に基地があるから，まちづくりや交通のじゃまになっている。 ・基地のそばの学校は，防音設備である。でもクーラー代は日本政府が払っている。どうして？ ・基地の中に文化財がたくさんある。 ・約50年もの間，化学薬品が使われ，地面にしみ込んでいる。

【資料③：基地視察後の子どもの学び】

普天間基地をめぐる問題としては，騒音や事故の危険性，学習環境やまちづくりの障害になっている点があることを話し合いを通して浮き彫りにし（前ページ資料③），特に，同基地に関しては，名護市辺野古(へのこ)への移設をめぐって大きな問題になっていることをつかんだ。個々の調べ学習をもとにして普天間基地の県内移設についてどう考えるかを話し合うことになった。県内移設反対の立場は21名，賛成は9名，基地返還などその他の考えが7名であった（資料④）。

移設反対	・自然環境破壊（ジュゴンの住む場所がなくなる） ・サンゴがこわされるから。 ・生き物が殺されるより，騒音がまだいい。 ・辺野古に移設しても事故は起こる。 ・基地を移設するにはばく大なお金がかかる。	賛成	・全面撤去は無理。人が犠牲になるよりまだいい。 ・軍用機は墜落しても海だからいい。
		その他	・県内移設そのものに反対。 ・アメリカにもっていくべき。 ・基地の撤去しかない（土地の返還）。

【資料④：普天間基地の県内移設に対する子どもの立場】

　個々の考えをカードに表し，それらをグルーピングした。それぞれの理由を聴き合い，あらためて普天間基地の県内移設について練り合った。練り合いの中から出された考えは，a）安保条約を改善して基地をアメリカに返還すべき（なぜなら，安保条約が結ばれた後に沖縄は本土に復帰したので，沖縄県民の基地に対する考えが反映されなかったから），b）県内にある基地を小さくひとつにまとめる(基地の全面撤去は無理だから)，c）安保条約を変える，または安保条約をなくす，以上の3点にほぼまとまった。さらに，3点に絞って個々の考えを練り合わせると，「安保条約の見直しと改善」と「移設しないで問題をなくしていく。騒音，事故被害が出ない飛行機の開発

など」の二つの意見が大勢を占め,「普天間の規模を小さくする」「嘉手納基地と統合する」も残った。その後の練り合いは,資料⑤の通りである。学級全体の意見としては,「(普天間基地を辺野古に移設せず) 基地の騒音や事故をふせぐ努力をして,あわせて,安保条約の内容についても見直すことが大切」という合意に至った (写真②,③)。

写真②　練り合いの場面　　　　　写真③　合意形成の場面

C1：辺野古に移設すると,環境破壊だからやっぱりやめるべきだと思う。
C2：それじゃ,宜野湾市の人々の生存権が保障できないよ。
C3：訓練の回数を減らすと,騒音が減ると思う。嘉手納に移すという意見もあったけど,嘉手納の人は,うるさくてもっと大変になると思う(口々に言う)。
C4：だったら,普天間基地は一応そのままにするほうがいい (反対の声,多数あり)。
C5：そのままだったら,事故が起きたりして大変だから,C3さんが言ったように,訓練を減らしたり,基地を小さくするほうがいいと思います(「そのほうがいい」という声あり)。
C3：沖縄に基地がある理由は,安保だから,これも少しずつ考えるほうがいいと思います。
C4：新しい考えが出てきたら,その時にまた,話し合うことが大切だと思う。

【資料⑤：合意形成に至る過程】

子どもたちは，普天間基地の規模や機能を視察したり，基地被害のことを調べたりすることで，基地と共存してきた県民の実態とそれをめぐる問題に迫ることができた。特に，普天間基地の県内移設に関しては，自分の立場をカードに書き，それをもとに，聴き合ったり，練り合いをすることで，当初の立場とは違う見方で基地問題を捉えていった（写真②）。基地問題は，資料⑤のC2の言うように憲法の生存権保障との関連や，C1やC3が言う通り，単に他地域に移設すれば問題が解決するという性質のものではない。こうした聴き合いと練り合いを重ねた結果，C3やC4の考えに示されるように，様々な条件を考えた末，子どもたちの基地移設問題について一つの方向性が見い出されたものと考える。C5の感想は，長時間にわたる話し合いで，一つの考えに収斂された過程を評価している。このように，自分の考えを明らかにしながら，聴き合いと練り合いの場を設定することは，社会的認識を深めるとともに言語力を伸ばし新たな見方・捉え方を目ざすものとして有効である。

(7) 成果と課題

　成果としては次の二点があがった。
・普天間基地の移設問題について，個々の子どもが憲法の学習をいかして切り込み，立場や考え方の違いを聴き合いや練り合いを通して，共感的に学ぶことができた。
・社会事象に対する個々の考えや思いを聴き合いの場で表出し，それらをつき合わせたり，互いの考えの違いを尊重しようとする態度がみられ，子どもたちの見方・考え方が広がった。

　課題としては次の一点が残った。
・自分と友達の考えをつき合わせて考えたり，新たな考えを創り出したりすることについては個人差がある。個々の子どもが聴き合いや練り合いで発言できる場の工夫・改善が必要である。（嘉納英明）

●第二章　子どもと教材世界を結ぶ授業

次に，個々の子どもの聴き合いや言語を介した学び合いの場を保障してあげることに焦点をあてて社会科単元を展開した事例を紹介したい。

① 単元名（4年）「交通事故をふせぐ」

② 授業者の主張

交通事故という身近な災害を子どもたちの切実な問題として捉えさせ，事故の恐ろしさについて教材世界との出会いで向かい合わせ，日常的に起こりうる災害であることにあらためて気づかせたい。交通事故に関する知識・経験を引き出し，仲間との学び合いの場を保障していくことで，警察を中心に関係諸機関が協力・連携して対処していることを理解させたい。こうした学び合いを通して，地域の安全を守るために働いている人たちの工夫や努力に気づき，自分も地域社会の一員として努力しようという気持ちを育みたい。

③ 児童理解と教材解釈

交通事故は日常茶飯の出来事であり，これを切実な問題として捉えさせるためには，子どもたちの持っている経験や知識などを引き出し，授業の中でいかすことが大切である。そのためには，子どもたちの経験や知識などを引き出す教材の開発が肝要であり，また，子どもたちの経験や知識などと客観的なデータをつき合わせ，経験を科学的に説明したり，補ったりすることで社会的な見方・考え方を育むことにつながるのである。単元「交通事故をふせぐ」では，子どもたちの生活・経験と結びつく教材・発問，仲間との学び合い，グラフなどの資料を活用しての授業構成を試みた。

◆4 単元目標

○交通事故などの災害から地域の人たちを守るために，警察署を中心に関係諸機関が協力・連携して対処する体制をとり，実際に対処していることが理解できるようにする。

○地域の安全を守るために働いている人たちの工夫や努力に気づき，自分も地域社会の一員として努力しようという気持ちをもつことができるようにする。

◆5 単元の仮説

○交通安全について考える場において，交通事故の恐ろしさを実感させる教材や身近な地域の施設を効果的に提示して学び合いの場を設けることで，警察署を中心に関係諸機関が協力していることに気づき，自分も地域の一員として努力しようという気持ちを育むことができるであろう。

◆6 学習の経過と具体的な個をつなぐ教師の支援

時	学習内容・学習活動	個をつなぐ支援
1	・交通事故の種類や原因について予想し，事故現場で働く人々の役割について考えることができる。	［教材・発問］ ・子どもたちの生活経験・既有の知識と容易に結びつく教材の準備と提示方法を開発する。 ・子どもたちと教材世界を結びつける効果的な発問をする。
2～3	・「110番」の連絡の仕組み，交通事故や盗難などを防ぐ警察官の仕事について調べ，地域の人々の働きについて，くらしの安全を守るための工夫や努力を捉える。	

4	・浦添(うらぞえ)警察署の署員を迎え，警察官の働きや駐在所の役割について話を聞き，地域の安全について考える。	［教師の役割］ ・教材世界や仲間，教師とのかかわりの中で生まれた子どもの考えを引き出し，仲間のそれとつき合わせたり，整理したりする。 ・自分の考えのもと（根拠）になったことを経験や既有知識，資料，仲間の考えなどにもとづいて言えるように指導する。
5〜6	・学校近郊や自宅の近くには，交通事故を防ぐための施設にどのようなものがあるのかを調べる。	
7	・まちの安全を守る人々の努力がある一方で，交通死亡事故が多発する理由について，統計資料をもとに考える。	
8	・交通事故をなくすために，どうすればいいのかを考え，交通安全を啓発するための活動計画を立てる。	

7 実践の結果と考察

(1) 指導計画（第1時）の検証

> 授業仮説　交通事故の種類や原因などについて生活経験をもとに聴き合ったり，図絵資料の読み取りや聴き合いを通して，事故現場で働く人々（警察）の役割についてふれ，関心を深めることができるであろう。

　本時の目標は，「交通事故の種類や原因などについて考え，警察の働きに関心をもつことができる」である。授業の冒頭で個々の生活をふりかえり，様々な交通事故の種類や原因を出し合い，聴き合うことで，事故の実態に迫ることをねらいとした。また，授業者は，子どもの反応・つぶやきをひろい，構造的に板書するようにした。

教師の発問・行動	子どもの反応
・「交通事故について見たり，聞いたりしたことがありますか。」 ・授業者は，黒板に「車」「自転車」と書き，線でつないだ。 ・授業者は，黒板に「車」と書き，先に書いた「車」と線でつないだ。 ・「これも，車と車の事故でいいかな？」 ・授業者は，「バイク」と板書し，先に書いた「自転車」と線でつないだ。 ・授業者は，「人」と板書し，「車」と線でつないだ。	・子どもの挙手多数。 C1：車と自転車がぶつかったのを，聞いたことがある。 C2：お母さんとお出かけしていた時，信号で待っていたら，後ろから車がぶつかってきた。 C3：トラックがバックしてきて，お父さんの車にぶつかったことがあるよ。 C4：自転車とバイクがぶつかったのを見たことがあるよ。 C5：僕の友達が，目の前で，車にひかれた。車はブレーキをかけたので，友達は助かった。

【資料①：交通事故の種類】

　授業者は，子どもから出された様々な事故について，対人事故，人身事故，対物事故について説明した。その後，交通事故を引き起こす原因について考え，聴き合う場面では，信号無視，スピード違反，酒酔い運転などを含む十数項目の【写真①：交通事故の種類と原因・理由】原因が出された。交通事故の種類と原因をふまえ，次に，沖縄県内の交通事故の推移について考えた。

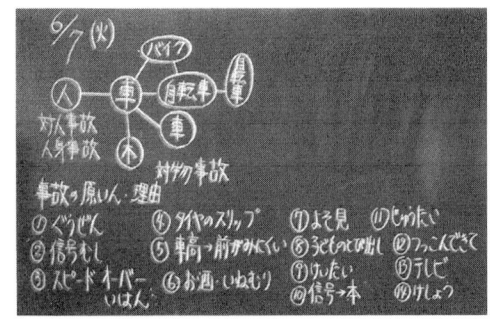

写真①　板書による整理

教師の発問・行動	子どもの反応
・(沖縄県の人身事故の発生件数のグラフを提示し),「人身事故の発生件数は,ズバリ,どのようになっていると言えますか。」	C6:人身事故に合っている人は増えていると思います。(「同じです。」の声多数,「付け足し」の声あり)
・「付け足しの人,どうぞ。」	C7:年々,増え続けていると思います。
	C7:そうだと思う。
	C8:平成15年には,急激に増えている。(「同じです。」の声あり)
・「平成16年,17年は増えていると思うの?」	C9:C8の意見と似ているんですけど,平成15年に増えたのは,お父さんから聞いたんですけど,車の運転で気のゆるみなどで増えてきたんだと思う。
・「C9には,事故が増えてきた原因についても意見を言ってもらったけど,みなさんは,事故が増えてきた理由は何だと考えますか。」	C10:ナビゲーターとか,テレビとかの便利なものが開発されてきたり,携帯電話なども事故を起こす原因になっていると思う。
	C11:C10とほとんど同じなんですけど,便利なものが事故を起こすようになっていると思う。

【資料②:人身事故の発生件数のグラフを見て考える】

　授業の後半は,目の前で交通事故が起こったことを想定し,どのような行動をとるのかを考えるものである。授業者の「目の前で交通事故を見たら,どうしますか。」の発問に対して,子どもたちの反応は,「近くの大人の人に知らせる。」「応急処置をする。」「公衆電話で１１０番をする。赤いボタンを押す。」などであった。その後,事故現場に来ると思われる人々を予想し,その人々の行動や役割について考えを出し合う場面に進んだ。

教師の発問・行動	子どもの反応
・(事故の写真を提示し)「交通事故の現場には、どのような人たちが来て、どのようなことをするのだろうか？」 写真② 交通事故の教材写真	・「野次馬」という子どもの声多数 C12：僕は救急車だと思う。(「同じです。」という声多数) C13：近所の人たちだと思う。(「付け足し」の声あり) C14：警察の人。(「付け足し」の声あり) C15：事故に合った人の知り合いとか、親戚だと思う。 C16：消防車というか、レスキュー隊も来ると思う。 C17：どうしてレスキュー隊も来るんですか？ C16：車に閉じこめられた人を助けるためです。 C18：カメラマンとか、新聞記者も来ると思う。

【資料③：交通事故現場に来る人々】

☆事故が起こると、いろいろな人が集まって来ることがわかりました。事故が起こると、たくさんの人に心配がかかるので、くれぐれも起こさないように気をつけたいです。人は事故を起こしてしまいます。でも、防ぐこともできるということを、忘れてはなりません。　　　　　　　　　　　　　　　R子

【資料④：第1時の感想】

資料①に見られるように，子どもたちの生活経験を通して交通事故の種類について聴き合う場面では，車と自転車（C1），車と車（C2とC3），自転車とバイク（C4），人と車（C5）などが出され，日常的に交通事故が発生していることを全体で確認できた。事故の原因についても，子どもたちの生活経験から，交通三悪を含む原因について出し合うことができた（写真①）。以上のことから，授業の冒頭で発した「交通事故について見たり，聞いたりしたことがありますか。」という発問は，交通事故が切実なものであり，子どもたちの生活経験を掘り起こし，様々な反応を呼んだことで有効であったと言える。交通事故の種類と原因をふまえ，沖縄県の交通事故の発生件数の推移を考える場面では，年々事故件数が増加していることを捉えている（資料②のC6・C7・C8）。グラフの読み取りから出発して事故増加の原因について言及したC9の発言（事故の増加は気のゆるみ）をとらえた授業者は，C10のいう事故多発の原因（ナビゲーター，テレビ，携帯電話の使用）を引き出し，C11は，C10の意見に同意しているのである。

　授業の終盤は，交通事故現場に来る人々と役割について予想させる場面である。事故現場には，野次馬，救急車（C12），近所の人々（C13），警察（C14），知り合い・親戚（C15），消防車・レスキュー隊（C16），カメラマン・新聞記者（C18）などが集まっていることを出し合っているが（資料③），事故現場における警察の役割については十分に深めることができなかった。授業後のR子は，交通事故に対する関心の高さをのぞかせると同時に，「人は事故を起こしてしまいます。でも，防ぐこともできる」と述べ，事故防止の学習を見通した感想を寄せている。

(2) 指導計画（第2時～6時）の授業の展開

　第2～3時は，ワークシート「もし，交通事故起こったら？」を活用し，「１１０番」の連絡の仕組みを学び，交通事故や盗難などを防ぐ警察官の仕事について調べ，地域の人々の働きについて捉えることができた。第4時は，浦添警察署の署員を迎え，警察官の働きや駐在所の役割について話を聞き，地域の安全について考える機会を設けた。第5～6時は，学校近郊や自宅の近くには，交通事故を防ぐための施設にどのようなものがあるのかを調べた。梅雨時と重なって学校近郊の施設探検はできなかったが，自宅の近くを調べたり，資料やインターネットを検索したりすることで，有益な情報を得ることができた。これらの資料は，第8時で活用されることになる。

(3) 指導計画（第7時）の検証

> 授業仮説①　交通（死亡）事故に関する統計資料を読み，グラフ化の作業を通して，事故が週末などに多く起こっていることに気づくことができるであろう。

　第7時の目標は，「交通（死亡）事故が週末などに多く起こっていることに気づき，事故の理由と警察などの努力や工夫について考えることができる」である。平成15年度の「交通事故で亡くなった人（交通白書・沖縄県警察本部）」を配布し，気づいた点をあげさせ，資料の読み取りをした。

教師の発問・行動	子どもの反応
・「交通事故で亡くなった人（平成15年度）の資料から，どんなことがわかりますか。」	C1：事故が起こった時間がわかる。 C2：事故が起こった曜日もわかる。 C3：亡くなった人の数もわかると思います。（「付け足し」の声あり） C4：C3に付け足しで，資料の下の方を見たら，死者の数がわかります。
・「何人の人が亡くなっていますか。」	C：79名です。
	C5：事故で亡くなった人の月もわかります。（「同じです。」の声あり） C6：この資料は，平成15年度に亡くなった人についてわかると思います。
・「平成15年度になって，10番目に亡くなった人は，どこの警察署で亡くなったんですか。」	C：那覇市！！
・「この10番目の人は，何月に亡くなっているのですか。」	C：2月！！
・「また，この人は，何曜日で，何時に亡くなったのですか。」	C：午後7時5分に亡くなって，土曜日だった。

【資料⑤：「交通事故で亡くなった人」の読み取り】

　「平成15年度の交通事故で亡くなった人」の資料の読み方を学んだ後，今度は，交通事故の発生した曜日のグラフ化を図る活動である。授業者による中途作成のグラフを子どもたちと共に完成させることで，「交通事故は，いったい何曜日に多いのか。」を確かめるものである。子どもたちに配布した資料は，平成15年度中に亡くなった人の一覧表である。死亡者にはそれぞれ番号と事故に遭遇した曜日が記してある。例えば，76番の死亡者は月曜日に事故に遭遇している，といった具合である。

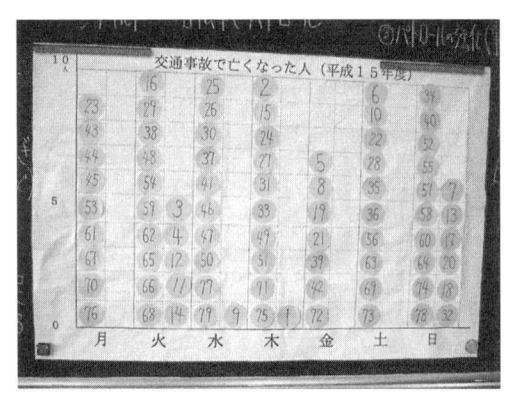

写真③　曜日ごとに示された交通事故死者数のグラフ

　子どもたちは番号付きの円形カードを資料を参考にしながら貼り付けていく。その結果得られたのが，上の写真のような，平成15年度中に交通事故で亡くなった人が何曜日に亡くなったのかがわかる完成グラフである。これを見ると，「日曜日に最も交通死亡事故が多いこと」「日曜日には16名の人が亡くなったこと」などがわかった。この日曜日（週末）に多く発生する交通死亡事故の原因はいったい何か，次にこれを考える活動に進んだ。

> 授業仮説②　週末などに多く起こる交通（死亡）事故の理由について，個々の生活経験を出し合い，共に考えたことを，交通課署員の話とつき合わせることで，事故の理由と警察などの努力や工夫について一層の理解が図られるであろう。

教師の発問・行動	子どもの反応
・「みんなで作ったグラフから，交通事故で亡くなった人は日曜日に多いことがわかったんだけど，なぜ，日曜日に死亡事故が多いのだろう。」	C8：なぜ，日曜日に多いかというと，休みになると外出が多くなったり，渋滞に巻き込まれたりして事故になると思う。（「似ています。」「同じです。」の声あり）

・「外出ということで，何か関連してありますか？」	C9：お父さんから聞いたことがあるんですけど，昔の同窓会とかでお酒を飲んで（「飲酒運転だ！！」の声），それで事故を起こすんだと思う。 C10：車の点検とかをしっかりしないで，それで外出して事故を起こすのだと思う。 C11：日曜日は会社とかも休みだから，家族で遊びに行きたいと思って，早くその場所に着きたいと思って，スピードを出したりして事故が起こるんだと思う。

【資料⑥：週末に事故の多い理由を考える】

事故でケガをした子			
月	812人	金	708人
火	689人	土	833人
水	685人	日	839人
木	724人		

『交通統計』2000年

　週末に事故が多い原因を考えた後，小学校4年生（全国）の交通事故数の曜日別表を提示した。この資料を読んだ子どもたちからは，土曜日や日曜日の週末に事故が多発していることや，「遊びに行って事故に合う。」「自転車を乗り回して事故に合う。」などの意見が出された。沖縄県内及び全国の交通事故の資料を読み合い，週末に事故が多いことから，警察は事故を防ぐためにどのようなことをしているのかについて話し合い，実際に，教室から電話インタビューを試みた。宜野湾警察署の交通課の説明によると，週末事故の多発に関する家庭への広報活動，スピード違反・信号無視の取り締まりの強化，事故の多い地域を中心にパトロールの強化を行っているということであった。

平成15年度の「交通事故で亡くなった人」の資料の読み取り後（資料⑤），全員でグラフ化の活動に進んだ。完成したグラフから，死亡事故は日曜日に多発していることが確認できた。そこで，日曜日に多発している要因について，資料⑥を読むと，C8は「外出が多くなったり，渋滞に巻き込まれて事故になる」，C9の「飲酒運転」，C10の「車の点検不足」，C11の「スピードの出し過ぎ」など，子どもの生活経験をふまえた様々な考えが出された。事故でケガをした子ども（4年生）のデータの読み取りにおいても，週末に事故が多発している現状を知り，遊びに行ったり自転車を乗り回したりすることが事故の原因になっていることをつかんだ。以上のことから，資料の読み取りをしながらグラフ化の活動をすることで，週末に事故多発の現状を発見し，事故の原因についても考えることができた。しかし，交通課署員の話とつき合わせることが不十分であったため，授業者が補足説明をした。

(4) 指導計画（第8時）の検証

> 授業仮説　交通事故をなくすためにどうすればいいのかを考える場において，コミュニティ道路の仕組みを共に考えることで，交通安全に対する意識をより高めることができるであろう。

　第8時の目標は，「交通事故をなくすために，どうすればいいのかを考え，交通安全を啓発するための活動計画を立てる」ことである。授業の冒頭，M子が入手した資料2点（コミュニティ道路関連）を印刷配布した。資料Aは，道幅が狭くなる道路であり，資料Bは，故意にジクザグ走行を促す道路である。教師の発問「なぜ，これらの道路は，このようにつくられたのか」に対する子どもの意見は資料⑦の通りである。また，コミュニティ道路以外にも，交通事故を防ぐ施設として子どもたちが出したものは，資料⑧の通りである。

M子入手の資料A	M子入手の資料B　ハンプ…車道面を隆起させ，スピードを落とさせる。
挿絵の読み取り	
C1：道を狭くしてスピードをおさえる。 C2：路上駐車をさせない。 C3：わざと一方通行にしている。 C4：家があるから，歩道を広くとっている。 C5：交通量を少なくしている。	C6：歩行者が車を見やすいようにしている。 C7：木を車道の方において，スピードを落とさせる。 C8：レンガを使って盛り上がった横断歩道を作り（ハンプ），スピードを落とさせる。

【資料⑦：コミュニティ道路の役割】

歩行者用の信号機・点字ブロック・ガードレール・信号機・外灯
横断歩道の白線・標識・カーブミラー・居眠り運転防止の道路上の凹凸・車線・制限速度の表示・駐車禁止・歩道橋

☆コミュニティ道路の工夫がわかりました。ハンプ（M子入手の資料Bを参照）を作ったり，入り口をせまくすることで，交通事故を大幅に軽減し，歩行者共存道路として生かしていけたらいいと思います。　　　　　　　　　　U子

【資料⑧：交通事故を防ぐ施設】

コミュニティ道路の挿絵を読み取り，それの役割について子どもたちが考えたものが資料⑦である。これらの発言から，コミュニティ道路の役割を的確に把握していることがわかり，また，事故を防ぐ他の施設についても関心を持って出していることがわかる（資料⑧）。授業後のＵ子の感想を読むと，コミュニティ道路の役割，特にハンプについて言及したり，入り口を狭くすることの意味を考えている。とりわけ，コミュニティ道路は，「歩行者共存道路」という位置づけをしていることが注目される。

　以上のことからコミュニティ道路を通して交通安全に対する意識を一定程度高めることができたが，それに続く交通安全を啓発するための活動計画を立てることは不十分であった。

⑧ 成果と課題

　成果としては次の2点があげられる。
・交通事故という身近な災害を子どもたちの切実な問題として捉えさせ，個々の子どもの交通事故に関する知識・経験を引き出し，これらを板書していく中で，子どもの意見や感情をつなぎ，仲間との学び合いの場を保障することができた。
・地域の人たちを守るために警察を中心に関係諸機関が協力・連携して対処していることを理解し，地域の安全を守るためのコミュニティ道路などの役割についても気づくことができた。

　また，課題としては，次の2点が残った。
・交通事故を切実な問題として捉えさせることはできたが，事故をなくすためにはどうすればいいのかを考え，交通安全を啓発するための活動計画を立てる点は不十分であった。また，自分の考えのもと（根拠）にもとづいて言えるように指導することも課題である。（嘉納英明）

●第三章　水産業に参加する授業

❶ 単元名（5年）「海の畑　沖縄のもずく養殖業を応援しよう」

　5年の1学期では，子どもたちは米作りの盛んな東北地方を通して日本の農業の特色を捉えてきた。そこでは豊かな土壌が広がる平野や，雪解け水が流れ込む河川，寒さに強い品種への改良や美味しい米づくりに取り組む農家の工夫・努力について調べてきた。水田は環境を守る役割を担っていることに加え，有機栽培などに代表される農法が環境に優しい事実に気づいたが，一方でそれらの農法が広がらない背景に，害虫の被害を受けると生産高が低くなる，そのために農薬を使わざるを得ないといった現実について掘り下げた。

　そこで，続く水産業の単元では国内1位の生産高を誇る「沖縄のもずく養殖」を取り上げ，様々な水産業の現実をつかませようとした。沖縄のもずく養殖がなぜ第一位なのか，その背景を追究する中で，もずくを地域ブランド化して品質や価格を高め，消費量を増やしたいのに，容易にはそうできない問題点を抱えている。消費を増やす作戦について仲間と吟味し合い，消費者や漁師側の立場から多面的に考えることで，社会の一員として何ができるのかを考えることのできる子どもを目ざしたいと考えた。

　さらに，子どもは，ペア・グループ・集団・地域社会との協同の学びを通して広がりや自分への問いにもどるといった過程を繰り返しながら言語を駆使して学び，追究するだろう。その結果の積み重ねとして，獲得した知識をスプリングボードにし，次なる事象に出会った時に社会生活を広い視野から捉え直し，言語力を身に付けつつ，多面的に理解するようになると考える。

❷ 単元目標

①沖縄県の代表的な水産物である「養殖もずく」の生産方法を調べることで，サンゴ礁の海や台風など，沖縄の自然条件と向き合う漁師の苦労や生き様に触れ，沖縄の暖かい気候や，地の利をうまく取り入れつつ新鮮で良質なもずくを生産し出荷するために様々な工夫や努力をしていることを知り，

消費を増やしたいという生産者の願いに自分たちも水産業を支える一人（自分ごと）としてかかわることができる。

②もずく養殖業について自分自身がゲスト（漁師，水産業関係者，加工業者）やグループ，全体（児童・ゲストを含む）と協同で吟味することで，自分の追究したものを問い直したり，よりよいものを創り出そうとしたりする。

3 個をつなぐ教師の働きかけ（対話の質を高める）

【自分なりの考えをもつようになるために事実や根拠をもとに互いの考えを再度吟味し合い，言葉に出して何度も問い直す】
● 「自分ごと」として社会的事象・事物と向き合い自分なりの考えをもつようになるために，様々な事実を違う角度や立場から考え再度吟味し，何度も問い直させる場をつくる。

他者・モノ・自己に「問いをもち」「開かれた心」でかかわる教師の働きかけとは，「自分なりの考えを持つようになるために事実や根拠をもとに互いの考えを再度吟味し合い，何度も問い直すこと」である。この時の授業で言うならば，もずく養殖業について自分自身がゲストやグループ，全体（児童・ゲストを含む）と協同で吟味することで，自分の追究したものを問い直したり，新たな解決策（よりよいものをつくり出す）を考え出すことである。

「互いの考えを再度吟味する」という事と「問いをもち」「開かれた心」で関わるということの関連として，子どもたちが考え出した「もずくをたくさん売るための企画案」（活動的）を「本当にそうなのか？」「本当にできるのか？」「自分だったらどうか？」（反省的）など，鵜呑みにせずに根拠を聞き出しながら，ゲストやグループ，全体とかかわり合いながら確かめ合っていく状況（協同的）をつくることである。また，「開かれた心」とは，このように吟味し合っていく中で，「いろんな立場」で考え，自分の考えと明らかに違う場合に相手の意見を受け入れ，時には自分の考えを柔軟に変えることができるかということであると考える。しかしそれはとても難しいことで，

自分たちの考え（アイデア）に対して，相手の意見を真摯に受け入れ，柔軟に変えるということは実際のところなかなかできない。「問いをもって」たずねる事で懸念されるのは，話し合いが一部のみになり，その結果として攻撃的な感じになっていくということであるが，批判的に思考（クリティカル・シンキング）していくとどうしてもそう映る。そうなることが課題ではなく，考えが一部に固執し教師が全体に広がるような発問などで働きかけることで，今のものよりもさらによりよくしていこうとする姿勢で臨ませることが必要であると考える。

④ 授業の実際（全15時間）

学習の経過	個をつなぐ教師の働きかけ
1時【もずく養殖業に興味を持つ】  ・養殖業に興味を持たせるために，仕事に使う道具（網・ウェットスーツ・ホース）を提示。「何の仕事かな？」の問いかけに「水産業」につながった。 【写真からおたずねしたいことを考えよう】 ・もずく養殖業のポスターから個人の疑問	【その子なりの考え方・見方を持たせるために】 「おたずねマップ」の方法を用いて「既習知・経験知」を引き出し個の疑問をペア・4人グループで吟味させ明確化へ。 

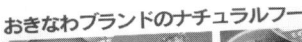

「海の中の地形や気候も養殖に関係するの？」から「稲作の場合と一緒かも」などペア，グループで整理し，自分たちなりの予想を生み出した。  個人のおたずねマップ（ふせん紙をポスターの周りに貼る）		 グループのマップづくり  グループのおたずねマップ
2時【ポスター資料から出た課題を発展・補足する統計資料提示】 ・グループの「おたずねマップ」の根拠を「どうして？」と全体でたずね合う中で，相違点が生まれ，「実際に確かめたい」「知りたい」と言い出した。また，統計資料を補足することで，「なぜ沖縄が生産高1位なのか」という問いに対して「年中暖かいから」「海がきれいだから」「日照時間が長いから」などこれまでの学びとつなげて予想し，学級の追究課題を明確にしていった。翌日，インターネットや親に聞くなど，さっそく調べる子どもも現れた。		【追究意欲をもつようになるために】 ・グループのおたずねマップを集団で吟味し合わせた。 ・補足資料をさらに丁寧に読み取らせ，生産高1位の理由を考えさせ，フィールドワークで確かめたいという必然性につなげた。

3時【平敷屋漁港フィールドワークでおたずねを解決しよう】
子どもたちは、それぞれの課題を4グループ（①加工場②漁師③漁協④フリー）に分かれてインタビューしていった。何度も問い返して確かめるということは十分ではなかったが、一番の関心ごとであった「もずくは何から育つのか」という問いに「種」だということがわかり不思議そうに種苗の様子を見ていた。「漁師さんは冬は一番きつい」とかリアルタイムで水揚げされたもずくをその場で計量して「1.2トン」と書いてある領収書を見て「いくらだろう」「すごい」など新たな問いも出てきた。

【必然性を持たせ深まりのある追究にするために】
・一方的に聴いて鵜呑みにしないで「よく理解できないこと」「確かめたいこと」を「どうして？」と何度も問い返すような聴き方を意識させた。後日情報を伝え合い共有させるために、ジグソー学習を組んだ。各グループごとに①加工場②漁師③漁協④フリーの担当を分担

【平敷屋漁港の人々の本当の願い（新たな課題）を知る】
「もっと、もずくを食べてほしい。消費を増やしたい。」

4時【平敷屋漁港フィールドワークの情報の交換・整理をしよう】 お互いインタビューしてきたことをもとに伝え合った。聞き手は話し手（担当）から確かめるように聴いていた。担当の「5メートルくらいのところで育ちます」に対し「なんで5メートルなの？」から「日光がよく当たるから」さらに「どうして日照と関係しているの？」など吟味しながらお互いの根拠を確かなものにし「生産高1位の理由が地形・気象条件」であることに迫った。またインタビューしてきたものを話す必然から，普段おとなしい子でも自分の役割に責任を持ち，伝える努力をしていた。問い返される中で「これをもう少し聴いていればよかった」など，インタビューの仕方についての課題が残った。	【フィールドワークにより事実や根拠を確かなものにするために】 ・見学してきたことによって共通の土俵をもたせた。 ・話し手（担当）と聞き手に分かれ話す・聴く必然をつくり，補ったり問い返したりしながら吟味する状況をつくった。
5時【有利な点と不利な点を比べよう】 本当に「生産高1位の理由が地形・気象条件なのか」，有利な点と不利な点を視点に再度確かめることにした。有利な点として，さんご礁が広がり海が浅くなっていることや，沖縄島周辺は暖かい黒潮が打ち寄せ日照時間が長い，沖縄の緯度と他県の緯度を比較して冬でも暖かいことを地図帳で再確認した。次に，不利な点として，県外に出荷する際「新鮮さ」「船や飛行機のために時間や経費がかかるのではないか」という問いから，沖縄―大阪間が船で48時間，飛行機で2時間かかることを知り，「飛行機のほうが新鮮で早く着く」との予想をした。ここから，「でも経費は」「重い1斗缶もずくを飛行機では限界が？」などの意見に分かれたが，いずれにしても，「生産地から消費地が遠い事やもずく一斗缶あた	【多様な考えに気づき問いが生まれるために，互いの差異を吟味させるために】 有利な点と不利な点を比較し多面的に考えさせる。さらに不利な点を県内と県外で比較，矛盾を生み出し，再検討へつなぐ。

りの輸送コスト」から，不利な点が多いのになぜ県外へ99.5％も出荷するのだろう，という新たな問いが生まれた。 「不利な点が多いのに，なぜ県外へ99.5％出荷するのか」を追究。「もとがとれるから」「沖縄だけで消費は無理」「日本中に広めたい」「県外は高く売れる」の四つの視点に分かれた。根拠を問い合う中で，「もうけはあっても実際にあまり食べていないのでは」「漁師さんも好きになって食べて欲しいと言っていた」など，もうけと消費についての新たな問いが生まれた。	課題 有利な点は，地形や気候などの生産上の事があげられたが，不利な点として出された，県外出荷などは生産後のことであり，話が食い違い想定以上に時間がかかった。生産→出荷→消費に至る流れ図を板書で示して，視覚化させる必要があった。
6時【加工や出荷のときの秘密をゲストに聞いて確かめよう】 「不利な点が多いのになぜ県外へ99.5％出荷するのか」という問いをもとに県外出荷時の秘密，「新鮮さを保つための塩漬け」「船で出荷する際，もずくのおいしさを保つため冷蔵コンテナ」について知り，予想が的中した。また，「もうけと消費」については，県外は人口が多く，出荷先のスーパーが500箇所あることを知り，県外へ出荷する理由が確認できた。ゲスト（県水産課職員）の苦労話を聞く中で「もっと好きになってほしい。いろんな人に食べてほしい」という願いに触れた。	【問い直しをさせるために】 出荷の秘密に迫り予想と比較させるために「みんなの考えはどうだった？」と前時を思い出させる発問をした。
7時【生産高1位，県外出荷90％を維持することができるのか】 ゲストとの学びを振り返りから，維持できると答えた子どもは意外にも4人だった。できると答えた理由としてあげられた「もずくに合う気候・地形」に対し，できないと答えた理由としては「温暖化をはじめとする環境問題の影響が心配」「観光・移住」などがあった。	【問い直しをさせるために】 もずくと気候，消費と生産の関係を再確認させるために立場を分けて，気象条件と環境問題，生産高と消費というジレンマに出会わせた。

8時【ピンチをチャンスに】ゲストに確かめる 「危機的な状況について，否定はしないがチャンスがある」ということを語ってくれた。また，本当の課題は，「多くの人に食べてほしい」「たくさん買ってほしい」ことであると伝えた。ゲストの「以前，もずくをもっと広めるために，県外に出かけて，居酒屋を一軒ずつまわった」という苦労話に「すごーい！」とつぶやいていた。	【ゲストとの学びから追究意欲へ】 水産業にかかわる人々の苦労や，工夫にふれさせるために，ゲストに「どうして？」と根拠を引き出すように聞くことを伝えた。
9時【もずく養殖業が日本の水産業を救う】 本当に日本の水産業は大丈夫なのか，を再度問い返した。漁業別漁獲高の推移から，ほとんどの子が「危ない」と答え数名が「大丈夫」と反論。理由は「養殖業は育てるから減ることがないし，データからもわずかに増えてきている」と主張。その後，養殖別生産高のグラフから「もずく養殖がダントツ１位」であることを確認した。もずく養殖を盛んにして消費拡大が，日本の水産業を救うことにつながることを県の水産課のデータで確認した。	【解決策を考えさせるために】 もずく養殖業が，日本の水産業をも救うのではないかということを考えさせるために，データを通して「日本の水産業は大丈夫？」と問いかけ，揺さぶった。また，解決策はあるのか，との問いから次へつなげた。

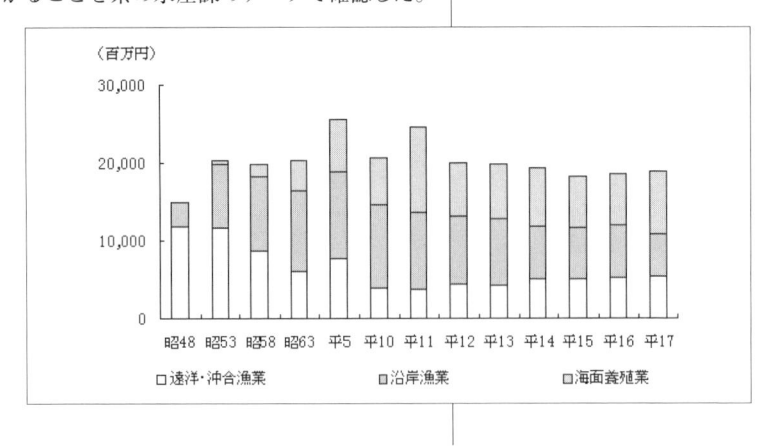

〈百万円〉棒グラフ：昭48〜平17の遠洋・沖合漁業，沿岸漁業，海面養殖業の推移

第二部 ■言語力が育つ授業実践

10時【たくさん買ってもらえる商品やせん伝を考えよう】
生産高1位、県外出荷90％を維持するために、個人で考えた「消費が増えるための商品やせん伝」をペアで吟味し、さらにグループで焦点化した後、全体で大きくまとめ、企画部が立ち上がった。子どもたちは、500近いアイデアを出して、気持ちも高まっていった。

【工夫・苦労を知り、消費を増やすという課題を自分ごととして考えさせるために】
もずくを買ってもらうための方法を考えさせるために、付箋を使ってグループやペアで吟味させた。

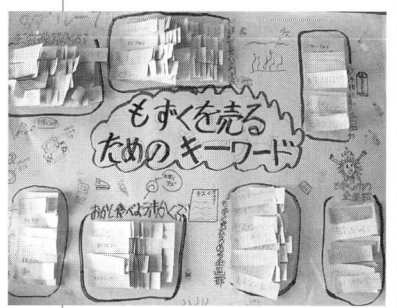

11時【企画部で商品開発】学級でグループから出たアイデアを吟味しながら焦点化していった。新たに立ち上がった各企画部は「売れるための視点」をもとに商品や販売促進のアイデアを生み出した。

ドラマづくり

〈出来上がった企画部〉
①どきどきもずくセット　②もずたこ
③学校給食　④もずくカレンダー
⑤もずくキャンディー　⑥キャラクター
⑦もずくテーマパーク
⑧育てようもずくゲーム　⑨メロディー

【よりよいアイデアにしていくために三度の問い（練り）直しをさせる】
自分ごととして課題を捉えさせることや、子どもに企画案を吟味させるための状況づくりや発問、視点を明確にしていった。

12時【たくさん売るための企画を考えることよって生産高1位を守りぬこう①】9 企画部の案を,三回に分け練り直した。発表の順番・方法は子どもたちで考えた。

最初は「育てようもずくゲーム」と「どきどきもずくセット」企画部が提案した。もずくセットは,種から収穫までの栽培セットである。そこでは,「日照時間は大丈夫か」「きれいな海水はどうするのか」「3～5mの深さで育成するもずくを水槽で育てられるか」など,これまでに学んできた既知をいかした質問が生まれ,学びが深まった。また「自分だったら買うか？」という教師の問いに対して,きれいな海水や日照時間などの条件から「買いたいけど,水槽では不安」との声から「品種改良」という解決策を企画部が考え出した。

第二部 言語力が育つ授業実践

❺ 授業の考察

13時【たくさん売るための商品企画を考えることによって生産高1位を守りぬこう②】

　この時間の目標は「もずく養殖業に携わる人々は，新鮮で良質な食材を生産し出荷するために様々な工夫や努力をしていることを知り，消費を増やしたいという願いに自分たちも水産業を支える一人（自分ごと）としてかかわることができる。」「もずくをたくさん売るための視点をもとに考えた企画案について自分自身がゲストやグループ，全体（児童・ゲストを含む）と協同で吟味することで自分の追究したものを問い直したり，よりよいものをつくり出そうとする。」である。そのために，教師は，①「自分ごととして課題を捉えさせる状況をつくり出すことができたか」②「子どもが企画案を吟味するために，どんな働きかけをしたのか」をこの時間の実践から考えていく。

(1) 授業の流れと考察（授業記録ビデオと授業記録から）

　「もずくテーマパーク」の中にできた「ドラマ」企画部が提案した。子どもたちの関心は，「値段」のことに集中した。テーマパーク企画部が設定した「入場料10円から100円」に対して，「安すぎて入らない」「赤字になる」というように，一方的に責め立てるような状況になってしまった。また，「どこに

「企画案をゲストと練り上げる」

つくるのか」との質問に対して、「海を埋め立てる」との考えに「きれいな海で育つもずくなのに大丈夫？」など、子どもたちの不安は大きくなっていった。最終的には「自分だったら行きますか」との問に対して「行かない」と言う子どもが大半を占め、よりよいものをつくり出していこうとすることにはつながらなかった。しかし、その後のゲストとのやり取りで、改善策を見つけ、よりよいものにしていくことができた。いずれにしても「吟味」について今一度考える必要を感じた。

①自分ごととして課題を捉えさせる状況をつくり出すための教師の働きかけ

子どもたちは、フィールドワークやゲストとのやり取りを通して、共通にもずく養殖業の課題について認識を深めてきた。最終的には、「もずくをたくさん売るための企画案、販売促進」について考えてほしいとのゲストからの要望に対して、自分たちもいっしょになってもずく養殖業の課題を克服したいと願っていた。そこで今回、企画案を提案することでその克服を達成させたいと考えた。「自分ごととして課題を捉える」とは相手の立場に立って考えることができることである。子どもたちが、「自分ごと」として意識するように、プレゼンを聴くときの視点や、ゲストとの話し合いの視点を明確にするように掲示資料を用意した。

「視点を明確にする提示資料」

そこでは,「企画案の何が自分ごとになっていますか」「誰の立場を中心に考えていますか」「あなたが買い手だったらどうですか」など自分の事として考えることができるような発問を促していった。また仲間と吟味していく中で,教師の,「みんなだったら1000円にした時に買う？」との質問に対して,「高いのではないか」という意見は消費者の立場に立った発言であり,子どもにとっては切実な意見である。また,「赤字になる」は生産者の立場に立った意見であり,生産者側の人たちが,行きあたる課題や悩みに近い。そうした立場を変えた発言ができることこそ,子どもたちにとっても自分ごとだったといえるのではないか,ということが以下の逐語記録からわかる。

教師の発問	子どもの姿・反応
・環境とゴミは関係があるの。 ・なぜもずくの消費を増やすことと,環境が関係しているの。 ・サンゴ礁がなくなるときれいな海でなくなることが心配だったの。 ・育つ条件があるから心配だったんだね。実際にみなさんは,このテーマパークに行きたいと思いますか。	Ｃ：もずくを育てる条件が心配だから。 Ｃ：サンゴ礁が危ない。 Ｃ：育つ条件があるから。
・行きたいと思う人（いまひとつ手が挙がらない）。 ・今は少し考えてしまうという人（大多数が手をあげた）。 ・どんな立場に立っているの。	Ｃ２：行ってもいいんだけど,値段的に心配。 Ｃ：両方の立場。

②子どもが企画案を吟味するための教師の働きかけ

　教師は，子どもが企画案を吟味するために，視点を明確にしたり，視点がぶれないように企画案を全体で吟味する場で言葉がけをしたり，ゲストを交えて県への提言をつくり上げたりする場をつくった。

　まず，プレゼンの吟味の場において教師は「みんなだったら買うの？」と「ゆさぶり」をかけ，企画を見直すことにつなげている。

教師の発問	子どもの姿・反応
・みんなだったら1000円にしたときに買う？	C：（一斉に）買わない～。
・なぜ，理由聞かせて。	C9：上映時間が短いから，1000円は高い。100円くらい。
・100円でいいの。	C：わー（笑い）。 C：超安い。 C：先生，赤字になる。
・赤字になるね。	

　しかしながら，問題としては，授業研究会でも指摘があったようにプレゼンに対して，責めているような感じに映るということである。子どもたちは，これまでの実践からも相手を責めているという感覚はない。むしろ，相手の企画案を現実的に考えているのである。授業後あらためて見直したときに，吟味させる場において，プレゼン対フロアという構造になっていることに気がついた。一部のみに話し合いが固執し，そのために問い詰めるような感じになって，学びに広がりがもてなかったことが次のやりとりからもわかる。

もずくテーマパーク企画部	子どもの姿・反応
・安くしたらお客さんもいっぱい来るから。	C1：入場料を10円から100円とこんなに安くすると，赤字になりませんか。
・なぜ，赤字になると思ったんですか。	C1：あんまり安くしすぎるとよくないと思ってお客さんも来ないのでは？
・安くして，テーマパークのためにしたいから。	C1：でも安すぎるとあんまりよくないと思ってこないかもしれない。
・安くして，いろんな人に買ってもらってきてくれるようにその値段にした。	C2：そしたら会社ももとが取れなくて赤字になるのでは？

　このような状況を改善するために，プレゼン対フロアという集中的な吟味の状況から，プレゼン対フロアからフロア対フロアのように全体に広がっていく吟味の状況をつくり出す教師の働きかけが必要だったのではないかと考えている。ひいてはそれが協同で学び合うことの価値につながると考える。
(第14時の授業で検証)

　授業の後半部分では，県への提言としての企画案をゲストと共に練り上げる場，問いを意識化させる状況をつくった。前半部の企画案を全体で吟味する場では，広がりがもてなかったことで，よりよいものをつくり出そうとすることまでは至らなかった。ゲストと共に練り上げる場においては，教師が準備したゲストとの話し合いの視点をもとに，自分たちの案とプロ（ゲスト）の目との協同作業で解決の視点を増やし，よりよいものをつくり出そうとしていた。また，ゲストとの打ち合わせでは，子どもたちの案に対して三つほめて，一つ改善点を指摘するように依頼しておいた。それは，子どもたちが，自分たちが考えていた企画案も「価値がある」という成就感を体感し，さらによりよいものをつくり出そうとする状況にしたかったからである。

ゲスト	もずくテーマパーク企画部
・これをつくったら10億くらいかかるよ。 ・いくらと思ったの？ ・また，乗り物などは，安全性を考えないとね。	・へえ～。 ・100万円くらい。 ・あっ，そうか～。

学んだこと（もずくテーマパーク企画部）
変わったことは，ちゅらうみパークにしたことです。理由は，「もずく」にすると，みんな行きたくならないので，海全体をイメージしてちゅらうみパークにしました。埋め立ては，これから考えたい。

授業後（もずくテーマパーク企画部）
埋め立てや予算のことを考えて，ちゅらうみ水族館内にもずくのコーナーやテーマパークを作ったほうがいいということになった。そうしたら，新たにつくることで出てくる環境の問題や埋め立てることもなくなるから。

学んだこと（キャラクター企画部）
最初は値段の話ばかりしていたけど，目的は「キャラクターを通してもずくがたくさん売れるようにならないといけない」ことをゲストと話し合っていく中で気づくことができた。

　上記のやり取りや感想からもわかるように，授業前半の全体との吟味の場で改善点としてあげられた「埋め立て」「予算」については，自分たちの案とプロ（ゲスト）との協同作業を通して解決の視点を増やすことができ，よりよいものをつくり出そうとしていることがわかる。また認識のずれに気づいたり，自分たちの企画を見直したりすることにつながったと考える。

第二部 ■ 言語力が育つ授業実践

「ゲストと共に再吟味」

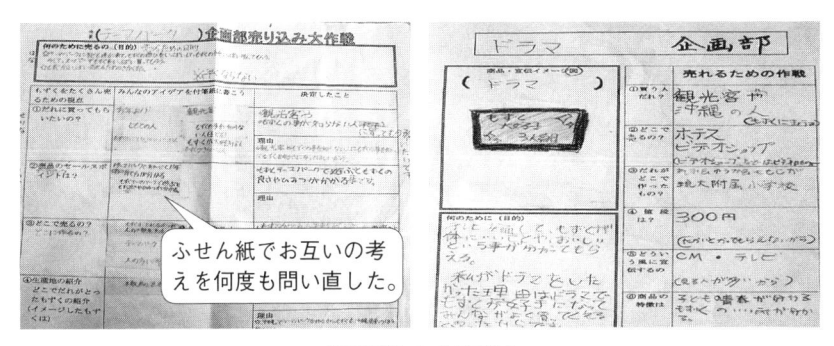

ふせん紙でお互いの考えを何度も問い直した。

「売り込み企画書」

14時【たくさん売るための企画を考えることによって生産高1位を守りぬこう③】

学習の経過	個をつなぐ教師の働きかけ
前回の課題を受けてプレゼンに対して，責めているような感じを受けたとの指摘があった。プレゼン対フロアという構造になっていたために問い詰めるような感じになって，学びに広がりがもてなかった。しかしながら，一見，責めているように映ったが，決して子どもたちは，相手のアイデアに対して攻撃してはいない。4月から学級で「互いの考えを吟味する」ことについて，話し合い，その他の教科，朝の会などでも，吟味する状況をつくり実践してきた。子どもたちと確認してきたことは，相手の意見を鵜呑みにしないで，これでいいのかと確かめるように聞くことや，相手が何を伝えたいのか理解しようと聞くこととはどんなことなのか，ということを意識的に行うということである。 そこで今回の教師の働きかけとして，フロアからプレゼンへの企画の改善点に対して，その意見に賛同するか，しないかのフロア同士の声を拾いながら吟味させていった。つまり，改善点だと指摘したフロアの声に対しても「ほんとにそうなのか？」「ほんとにそれでよくなるのか？」と問い直させるようにしていった。	【よりよいアイデアにしていくために】 ・改善点だと指摘する意見に対しても鵜呑みにしないように，改善点（課題）を言ったことに対して賛同するか，しないかの声を拾った。 ・「企画案の何が自分ごとになっていますか」「誰の立場を中心に考えていますか」といった企画の起点を自覚させる発問をした。 ・発表者の考えを鵜呑みにしないため，「あなたが買い手だったらどうかな？」などの消費者の視点で考えることを促す発問をした。

第二部 言語力が育つ授業実践

教師の発問	子どもの姿・反応
・もずタコは30個で480円と言っている。みんなに聞いてもいい？Ｃ８さんの意見に対して賛同の人いる？ ・Ｃ７さんの意見に対してはどう？ ・賛同だと言った人，Ｃ８さんの意見に対して思っていることを聞かせて。 ・他にいますか。 ゲ：値段は県外も一緒だよ。	Ｃ８：沖縄のもずくは一番おいしいし，県外のものを出荷しているわけではないから，30個入り480円で大丈夫だと思う。 Ｃ７：スーパーのユニオンのものは50何個か入りで390円だから，もずくが入っているというだけでは，買わないんじゃないの？ （過半数の児童が挙手） Ｃ：分からない〜。 Ｃ１：私はＣ８さんと同じで，沖縄のもずくを使っているからその値段でもいいと思う。 Ｃ２：私は両方の意見に賛同で，沖縄だったら高いかもしれないけど，県外だったらいいかも？ Ｃ８：質問してみたい。 Ｃ８：県外で沖縄もずくを売ったら，値段は違うのですか？ Ｃ８＊：（ゲストの意見を受けて）そうでしょう。

教師は，上記のやりとりからもわかるように「Ｃ８の意見に対して賛同できる」や「Ｃ７の意見に対してどう？」と全体に広がるような言葉がけをして，Ｃ８やＣ７が出した意見とプレゼン者だけのやりとりにならないようにしている。つまりプレゼン対フロアのやりとりから，フロア同士によるやりとりにも広げていったことで，全体で企画を見直そうとする状況をつくることができた。しかし，相手の考えを柔軟に受け入れたり，自分自身の考えをさらに問い直すといった，「開かれた心」で向き合っていたかということについては，Ｃ８＊の反応「そうでしょう」から不十分といえる。今後の課題であろう。

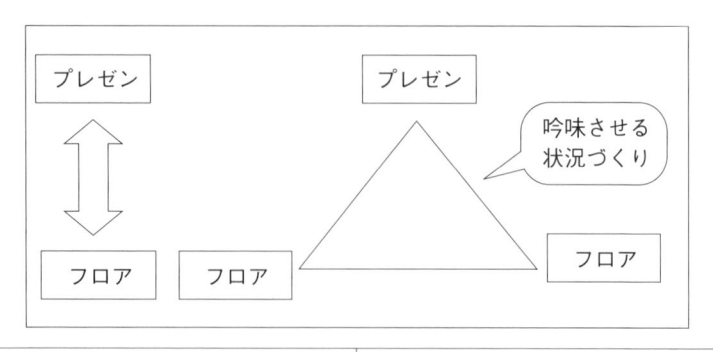

```
  ┌─────────────────────────────────────────────────────────┐
  │   ┌─────┐              ┌─────┐                          │
  │   │プレゼン│            │プレゼン│      ╭──────────╮      │
  │   └─────┘              └─────┘       │ 吟味させる │      │
  │      ↕                   △          │ 状況づくり │      │
  │                         / \          ╰──────────╯      │
  │   ┌─────┐       ┌─────┐/   \        ┌─────┐            │
  │   │フロア│       │フロア│     \       │フロア│            │
  │   └─────┘       └─────┘──────\──────└─────┘            │
  └─────────────────────────────────────────────────────────┘
```

販売促進のための企画は単元で培った既習知が生かされた例もあったが，他の生活経験や子どもを取り巻く情報の中から企画に結びついた例もあった。もずく養殖業の課題が生産者の立場だけから見たものでなく，流通販売者（商品開発側）の立場にも立つことができた。このように子どもたちは，ゲストと共に吟味し新たな解決策を考え三回にわたって練り直した案を完成させプロ（ゲスト）へ提案した。	【社会の一員としてできることを実感させるために】 自分の案と，プロ（ゲスト）の目との協同作業を通して決定の視点を増やし「自分たちの考えた企画も価値がある」という成就感を体感させ，よりよいものをつくり出そうとする。

(2) 助言者である大学人からの総括

【琉球大学里井氏】教師が何をしたか。県へ提言しようという状況を設定した。これが大きな指導性。単なる社会科の調べものをしようというものではなく，県，もしくは漁連へ受け入れられるような企画を考えることがわくわくするというものにつながる。逆に言えばその提案が受け入れられるか否かは，現実の社会が受け入れるか入れないかで，ある意味においては，リアリティのないものはどんどん削られていく。社会がまさしく判断していく。そういうような社会に委ねられているようなことにおいて，教師が判断するのではなくて，社会が判断するという構造が授業の中でつくられていることは，

第二部■言語力が育つ授業実践

学校が学校知で終わるのではなくて，学校が社会知になっていくという仕掛けになっているところが，この授業における大きな教師の指導性である。もう一つの指導性は，ゲストとどんな仕掛けをしているのかということである。フロアの意見にもあるように，もっとよいところを引き出して，広げていけば，幸せな雰囲気になれるのに，なれなかったということや，教師はその後膨らませるようなものをつくるのかと思ったがつくらなかった。ここも，実はその後ゲストが膨らませてくれることを意識していたのかと感じた。この授業で，前半大変厳しい目にはあうが，後半でフォローできるような仕組みになっているのかと思っていた。

> もずくグッズ企画部とのやりとり
> ぼくとゆんたく（会話）する中で，最後先生が当てた子が，いつの間にか，もずくの消費からはなれてグッズを作る話になっていた。「え？」みたいな話をしているうちに，そのことはくっつくんだということに気づいていった。一言も否定しなかったがゆんたくする中で，気づいて，最後の発言につながった。

【琉球大学道田氏】これまでに山内学級の授業を六回参観した。今回は，うまく「問い」が授業の中に組み込まれている授業になっていた。今まで過去五回は，先生が子どもたちに出させたい問いを隠し持っていて，誘導して導き出させるようなものだったが，今回は子どもたちが県に企画を提案してプレゼンして，それに対する質問を出すことによってよりよいものにしていくという方向性をみんなちゃんと分かっていたので，それが「問い」として形になっていたのだと思った。また，ゲストとの吟味については，子どもたちが積極的に質問する姿が見られた。去年も山内先生は，ゲストとのやりとりをさせていたが，そのときは，ゲストに教えを請うというようなものだった。今日は，話を聴きつつも自分なりに質問していた。おそらく話を聴いてそれ

をどう企画にいかしていこうか，質問することで自分なりに深めていく。そういうことを普段の授業の中で子どもたちが身に付けているので，こういう場面でもそれができたのかと思う。ただ，ゲストの話を聴いていると，知識不足が原因でひたすら聴く，のような部分も生まれていたのかと思った。それでも質問をするという習慣があったので，それなりに子どもたちは頑張っていた。「問う」ということの難しさについて，「問題があるよ。これおかしいんじゃないのという問い」「こういう風にしたらいいんじゃないという問い」それ以外に「情報を得るみたいな問い」といろんな形の問いがある。この場合に，目標を達成するためにどういうやりとりをしたらよいのか，ということがこれからの実践の中で意識化されていけばよいだろう。

ポジティブになれるような問いがあり，場合によっては，問いということにあまりこだわらなくてもいい気がする。あえて，問うという形になったので，「こうなんですか」「赤字になるのではないですか」といった話になったと思われる。もう少し「問い」を内包しつつも，問いから離れて，さらにかかわり方が広がっていくと，豊かな，自分たちにとってよりよいものができることにつながるのではないかと思った。

6 実践を振り返って

本実践を通して，社会科学習は現実感がいかに重要かということがあらためてわかった。日本の水産業の抱えている問題を，単に教科書や資料集からだけで追究していては自分ごととして受けとめられない。そこで，地元の沖縄の水産業を窓口にしながら，地形や気候，漁業に従事する人々の工夫や苦労について平敷屋漁協のもずく養殖と合わせることで現実感を抱かせた。

しかし，現実感を抱かせることまではうまくいったとしても，社会事象の追究が深まらなければ十分ではない。本実践では，ペア，グループ，集団とかかわらせ，複数のゲスト（漁師，水産関係専門家，加工業者など）からのアドバイスも交えて授業を構成したことで，様々な気づきが言語を通して生

まれ、協同の学びが実現できた。また、消費を伸ばすという生産者の願いに子どもも真摯にこたえ、様々な消費拡大案を考え出した。単元終了後も家庭などで、実際に「もずく石鹸」や「もずくたこやき」づくりなどに取り組んでおり、このことは、自分ごととしてもずく養殖業が捉えられたことを示しており、学習意欲を喚起することにつながった。

　社会科の学習は、いかに現実感のある教材と児童を出会わせることができるか、仲間の意見や資料との吟味を通していかに批判的に物事の意味を追究できるかが重要である。このため、これまでの実践を振り返った時に、「自分ごととして社会的事象・事物と向き合い自分なりの問いをもつ」ことと「開かれた心」の関連性がポイントになるのではと考えた。例えば相手から「なぜ、そう言えるの？」と聞かれたときに、責められているような「きつさ」を感じる場合もある。「そうだね」と同調されたときは心地よいし、相手の意見を心を開いて聞くことができるが、そうでない場合には相手から品定めされているみたいで、「修正しないといけないかもしれないという迷い」という不安から「きつさ」を感じるのである。この「きつさ」を超えるためには、相手から問われ自分の考えを問い直し「自分の考えや方法が間違っているかもしれない」、「相手の意見が優れているかもしれない」と社会科でねらいとする多面的なものの見方・考え方に至らせることが大切である。この瞬間に「開かれた心」で相手の考えを認めるのではないだろうか。プレゼン側だけではなく、フロア同士も、現実に照らし合わせて「自分自身の考えもはたして正しいのか？」と問い直すような状況をつくり出すことが協同の学びにつながるのではないかと実感した。（山内かおり）

●第四章　自己との対話へつながる授業

1　単元名（5年）「国土の環境を守る森林資源の働き－ヤンバルの森からのメッセージ－」

　農業の単元において，生産と消費の仕組みを学習することで，社会的ジレンマが生じた。

　また，自動車工業の学習においては，「環境にやさしいサトウキビを使ったバイオ燃料」のアイデアも出たが，サトウキビの農地を広げることが，森を削る結果になり，環境破壊につながるという，社会的ジレンマが生じた。

　本単元では，ヤンバルの森に棲む固有種を取り上げ，森林資源の多面的な役割を考えることにした。森林は，木材生産や国土保全，水資源の涵養など，国民の生活や国土の環境保全に欠かすことができない大切な役割を果たしている。今回，沖縄県のみならず，国土の環境にとっても貴重な固有種が多く生息するヤンバルの森を取り上げることで，安定的な水資源確保のために建設が進むダムや，林道と森の生態系を守ろうとする環境保護との狭間で生じる苦悩する人々を通し，子どもたちに社会的ジレンマを生じさせることで，環境保全と開発の問題をいかにして解決していったらよいのかを考えさせる授業を試みることにした。授業においては，学習を進める中で森林に棲む生き物を守るために努力している人々や，ダム開発の意義に迫る事実認識などを丁寧に扱いながら，子どもたちにも多面的・多層的な問題追究ができるように地図や統計資料，写真などの教材支援を図ることにする。

　実際に，ヤンバルの森に足を踏み入れるといった，フィールドワークを通し，森を肌で感じさせ，建築中のダム現場を見学させることで，今後の学習において，より切実な問題として捉えるようなものにしたいと考える。

　さらに，子どもは，自分との対話，ペア・グループとの対話，集団との対話，地域社会との対話といった広がりや，自分への問いにもどるといった収束を繰り返しながら学び，社会の一員ならば，どのような社会であった時，互いの幸せにつながるかを追究するだろう。その結果の積み重ねとして，獲得した知識をスプリングボードにし，次なる事象に出会った時に社会生活を

広い視野から捉え直し多面的に理解するようになると考える。

❷ 単元目標

○ヤンバルの森を事例としながら，国土に残る森林資源の保護・育成のための人々の努力や水資源確保との間で生じる問題などを調べ，森林資源の重要性を考え，環境保全の大切さを共生の視点から深める。

○調べてきた根拠や事実をもとに述べ合い，検討し合い，さらに，沖縄の森やダムにかかわるゲストなどとの協同の学びから，「立場の違いを考えることによって，新たな問いを見出し，考えを再構築することで 持続可能な沖縄の自然環境の発展に関心をもち，互いの幸せにつながる」社会の一員としてのあり方を追究していく力を育むことができる。

学習の経過

指導計画	学習の経過や今後の活動・子どもの姿	個をつなぐ教師の働きかけ
①沖縄の自然を調べる（2時間）。	①「沖縄の自然環境」をキーワードに，子どもたちから出た既習知や経験知を整理し，イメージを「きれいな海・天然林のある山・環境破壊・多くの野生生物・産業」の五つに絞り込んだ。	①既習知・経験知の引き出しとつなぎ。 ①ビデオ資料の事実と根拠をもとに，さらに，豊かな沖縄の自然環境をイメージ化

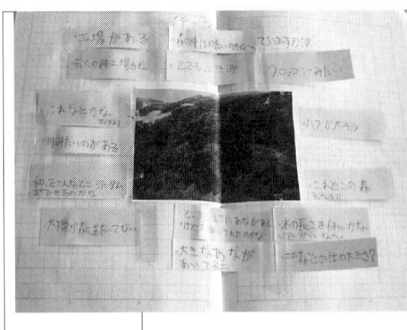

②海と森との関係性から森の重要性と課題の明確化。 **一度目の見直し。**	②「自然(人の手が加えられていない)」の定義づけをし，学級の五つのキーワード「海・森・生物・産業・破壊」から，自然である「海・森・生物」をピックアップし，『海の汚染はどこから？』で，森と海のつながりに気づいた。その後，「ヤンバルの森のダム建設」の写真から「山でいったい何が起こっているのか？」個人のおたずねマップから，グループで修正し，さらに学級の追究課題へと広げていった。「なぜ森にダムを？」「森への影響は？」など，「ヤンバルは固有種の宝庫なのにどうして？」という意見が多いが，中には，「森の水を確保するためのダム？」という意見もあった。	②「おたずねマップ」の方法から（個）〈写真〉 ○事象と経験知や既習の引き出しとつなぎ ○その子なりの考え方・見方を持たせる。 ②付箋紙でＫＪ法的に（グループ・集団） ○個の疑問を集団とのかかわりで明確化。 ○個の学びと仲間との学びをつなぐ。
③ゲスト（ダム推進側）と共に追究課題の解決。	③「ヤンバルの森の保全」の重要性から，ダム建設に対して疑問を持っていた子どもたちが，ゲスト（北部ダム事務所職員）の話から「ダムの必要性」について知ることで，自分たちの生活に必要な水の確保や，災害から守られる，環境を考えた努力・工夫との根拠などから，自分たちもその恩恵を受け	③ゲストと個，ゲストと集団が協同の学びを行い，課題追究の解決へ。 ③「ヤンバルの保全」「ダムの必要性」から社会的ジレンマに対峙させた。

	ているということで納得していたように見えた。環境保全との狭間で，最初の社会的ジレンマが起こった。	
④ダムの必要性から新たな課題の追究。 二度目の見直し。	④ゲストとの話し合いの後，「ヤンバルの森は守れるのか」という追究課題を再度，グループや全体で吟味した。一見納得していたかのように見えたが，「自然」とは人の手を加えていないことという視点から，ダムをつくった後の「人工営巣木や植林は矛盾している」，「やっぱり納得いかない～」と言う声があがった。「ダムは必要だけど森を壊すのはダメ」から，「固有種のいないところに造ればいいのでは？」や「どこにつくってもいっしょ。生き物はみんな大切だよ。だから森全体で考えることが大切では？」といった新たな追究課題を明確にしていった。	④お互いの考えのよさを認め合い，差異を感じさせることで「ダムは悪」「森は大切」といった短絡的だった考えを「自然とは？」をキーワードに修正・補足し再度吟味させ，多面的に捉えさせた。
⑤ゲスト（森保全側）と共に新たな追究課題の解決。	⑤「ヤンバルクイナ」のような固有種，生態系の破壊の原因の一端が，ダムの建設にあることを突きつけられ，さらに社会的ジレンマを起こす。しかし，「ダムの必要性」は自分たちの生活に密接に関係している。一方，森も最終的には自分たちの生活（農業・漁業・CO_2削減）を豊かにしているという面があり，両者の間で困惑するだろう。	⑤ゲストと個，ゲストと集団が協同の学びを行い，課題追究へ。 ⑤「ヤンバルの森の危機感」を痛切に感じ，二度目の社会的ジレンマに対峙。再度，自分なりの考えを修正・補足させた。 ☆ゲスト「NPO法人動物たちの病院院長」

⑥「ヤンバルの森の危機」から新たな課題の追究。 **三度目の見直し。**	⑥「ヤンバルの森は守れるのか」という追究課題を再々度，グループや全体で吟味した。国語の「サクラソウとトラマルハナバチ」を既習にした発言から「生き物はつながり合っている」「ヤンバルクイナも同じでそれだけを守っても生きられない」「他の生き物との関係の中で生きている」ことを自覚した瞬間であった。だからこそ，ダムをつくることで，森がおかしくなると心配する。その後，「人は伐採を悪いとわかっているのになぜやるの？」とのＴくんの問いから「今を維持しては？」と「待てないからつくるのでは？」という意見に広がりが見られた。実際に森やダムを見て，課題を追究したいという想いからフィールドワークへ出かけることになった。	⑥お互いの考えのよさを認め合い，差異を感じさせ，考えを吟味させることで「天然記念物がいるからヤンバルの森は大事」という部分的な考えから「森全体を考える」といった全体像へ多面的に捉えていった。
⑦ヤンバルの森，ダムの見学により課題の明確化（総合3理科2）。	⑦「森が水没する事実を聞き，本当に守れるのか？」という新たな追究課題が生まれる。現実を目の当たりにして深刻さを思い知った。森では，いのししの子どもの死体を川で発見し大騒ぎになった。しかし，よく見てみるとその体にカニがついており，子どもたちは「かわしそうだけど，こうやってみんな生きているんだね」とつながりを実感した。	⑦実際に森を歩きダムを見学させ，インストラクターの説明を聞くことで，これまでの考えをさらに，切実なものにさせる。 ⑦自分なりの問いや問題意識を，ダム建築中の様子を直に見せることで，切実なものとして捉えさせた。

⑧調べてきたことを整理する	⑧森のつながり発見カードや，大保ダム発見カードにグループ，全体からコメントをもらう。「これ何？」などの新たな発見の他に，「何で倒木にきのこが？」などのように根拠を求める意見については，調べ学習をしていた。森つながり発見カード。	⑧付箋紙で個の学びと集団の学びをつなぐ。もらった付箋紙をもとに自分の考えを吟味させることで，多面的に考えさせる。
⑨追究課題を深く考える。四度目の見直し。	⑧ダム見学で学んだことをもとに，話し合いが進む中で「ダムをつくらずに生活する方法」，「環境にやさしいダムづくり」の双方で議論になった。今後の水需要予想値や観光客・人口についての資料の読み取り，さらには，ダムをつくるためにはいろんな人たちの協力が必要であるということから，森を	⑧統計資料の事実を根拠にダム問題についてさらに多面的な角度から考えさせる。

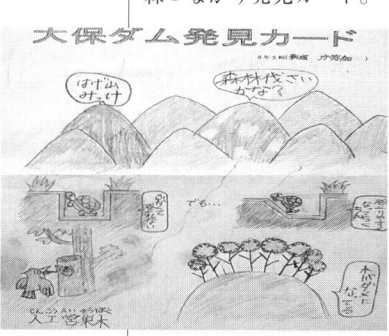

	守ることと生活との狭間で社会的ジレンマが生じた。それぞれの課題を乗り越える方法を追究し，次回に解決策を考えることにした。半分近くの子どもたちは，グレーゾーンになった。	解決策としてのアイディアカード
⑩「ヤンバルの森は守れるのか」について話し合う。(本時)	⑩「ヤンバルの自然と私たちの生活との関係からどう考えますか」をキー発問として，個人の考えをグループや集団で吟味しながら，ヤンバルの森の保全と開発の共生を考える。また，社会の一員としての責任について，自分のこととして自覚させる。	⑩ヤンバルの森の保全と開発という社会的ジレンマから，さらに「節水」についてデータをもとに問いかけ，自分自身の行動を自覚させることで，社会の一員としての責任と，互いの幸せについて考えさせる。
⑪環境メッセージを考える。	⑪ヤンバルの森を守るために「社会の一員としての，責任と互いの幸せについて考える」をグループや集団で考え，環境メッセージをつくる。	⑪仲間で学び合い再吟味し，社会の一員としてのあり方を自覚するように吟味したメッセージを関係者に送る。

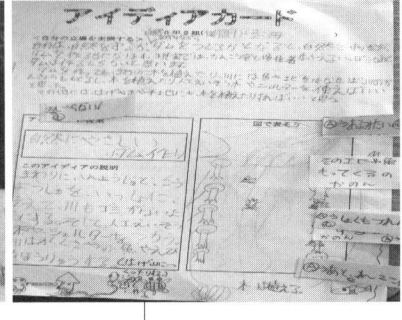

3 授業構想

(1) ねらい
- 安定的な水資源確保のために建設が進むダムや林道と，森の生態系を守ろうとする環境保護との間で生じる苦悩，さらには子どもたち自らも享受している水使用の恩恵などの社会的ジレンマなどの角度から森林資源の重要性を考え，環境保全の大切さについて，共生の視点で考えを深める。
- 「ヤンバルの森は守れるのか」自分自身が追究してきた過程と，グループや集団との協同の学びを通して吟味してきた過程を踏まえて，社会の一員としての自分の考えを持つ。

(2) 主張

　子どもたちはこれまで，「ヤンバルの森は守れるのか」について，単元を通して追究してきた。ヤンバルの森，ダム見学やこれまで調べてきた事実を根拠に，ダムの必然性〔利益追求〕と森の保全〔開発の影響〕の狭間に立つ人々の苦悩，それを乗り越える努力は，切り離すことのできない切実な問題であることに関心を向ける。そして，自分との対話，ペア・グループとの対話，集団との対話，といった広がりや自分への問いにもどるといった収束を繰り返しながら，全体としてはオープンエンドであるが，「社会の一員としての責任と互いの幸せ」の視点から，個人の意思決定を迫る。その結果の積み重ねとして，獲得した知識をスプリングボードにし，次なる事象に出会った時に社会生活を広い視野から捉え直し，多面的に理解するようになる，と同時に職業観・勤労観につながる学びになると考える。

(3) 展開

主な学習活動	予想される子どもの姿	個をつなぐ教師の働きかけ	
		目的	方法
1.今日のテーマ，学びの視点を確認。	学びの視点 ・社会の一員としての，責任と互いの幸せについて考える	①仲間の考えを確かめるために根拠を聞き合う。 ②問われたことに対して根拠を考える。 ③自分のアイデアを吟味し明確にする。	①②個と集団とをつなぐ付箋紙による対話での学び合い。 ②ノートに考えを整理する。 ・「なぜ，こんな考えをするのだろう」と思うものに対しては，ノートに記録しておく。
2.個人の考えを明確化。 ①アイデアの共有（全体） ②吟味・整理（個人）	①子どもたちは相手のアイデアに対して，よいかどうか確かめるために「なぜ，そんな考えをするの？」と根拠を問うような聞き方を付箋紙に書く。 テーマ ヤンバルの森を守ることと私たちの生活とのつながりをどう考えますか ②仲間からの「おたずね」を読み返しながら，その根拠を考えることで，自分のアイデアを吟味し，明確にしていく。		
3.それぞれのアイデアを学びの視点から考える。 フリートーク ①再吟味（全体） ②整理（個人）	①「ヤンバルの森を守る」事と生活とのつながりを，「ダム」という事象から考えていくだろう。「節水」をすれば，「ダムを新たに作らなくてもいい」という安易な考えを，データに示すことによって，社会的ジレンマに直面させ，自分ごととして考えさせる。 ②二度目の整理で，自分の考えの広がりを感じ，学び合うよさを感じるであろう。 ③仲間のアイデアを吟味し，正し	①根拠を述べ合い，さらに「この考えでいいのか」確かめ合う。 ②社会的事象に働きかけ，多面的に考え判断する。 ③全体で再吟味したアイデアを取捨選択	①個の考え，全体の考えを交流させる。 ②個と集団の対話を通して気がついたことをノートに整理する。

③主張する ・互いに学んだことを述べ合う。	いと思っていた考えを再度見つめ直すことで，新たな知識（社会知識）を獲得していくであろう。	し意思決定をする。 ④社会の一員としての，責任と互いの幸せについて考える。	

❹ 実践への寺本によるコメント

　「国土の環境を守る」という5年生の単元は，森林資源の重要性と森林を守る人々の活動などを軸に，公害も加味しながら学ぶことがスタンダードである。山内氏はこの単元を，単に日本全国の森林保全の様子を教科書に沿って指導するだけでは，子どもの問題意識が高まらないと考え，子どもたちの生活圏の中にある沖縄島の事例を取り上げることで森林保全の大切さに気づかせようと考えた。沖縄島に住む子どもは，本土に住む子どもと異なり，国土に関する面積感や落葉樹なども見られる森林の多様性についての理解においていささか誤認や体験的知識の希薄さも予想されることから，指導の難しさがある単元である。そういった制約を，山内氏は北部にまとまった形で残る「ヤンバルの森」を扱うことで克服しようと考えた。さらに，実際の森林に子どもたちを連れていく現地観察学習を介在させて実践を組み立て，問題意識の醸成に努めた。ともすれば他人事あるいは表面的な問題として国土の森林資源を捉えがちになるだけに，授業実践では注意を要する問題である。しかし，山内実践においては，しっかりとした問題意識の設定に努め，5年生児童にとって，自分ごととして森林保全の大切さに気づくことへ誘うことに成功したといえよう。山内実践の特色をあげるとすれば，次の三点が挙げられる。

第一点は，探究的な学びの創出である。児童が調べてきた根拠や事実をもとにした徹底した対話により，子どもの問題意識を明確化させたことである。自分・ペア・グループ・クラス集団との多様な対話を繰り返しつつ拡散的思考と収束を交互に織り交ぜつつ指導に当たっている。ダム開発による森林破壊やマングース，野生猫の天敵化による固有種の生息環境の悪化という事実を，現地見学や資料読解によって整理している。さらにダム開発か森林保全かという二項対立的なジレンマを意図的に設定し，問題点を鮮明化した上で解決策を子どもとともにつくり上げていくプロセスは，学級全体が学びの共同体そのものとして成立するきっかけとなっている。山内氏はこうした思考の再検討作業を「吟味」という言葉で児童に勧め，対話のレベルを上げている。

　第二点は，気づきの視覚化である。「おたずねマップ」という独自の資料読み取り技法を駆使し，児童の気づきを書き出させたり，さらに授業の流れを模造紙に書き記し，児童と共に探究過程を振り返らせたりする手立てを採っている。児童が獲得する学びの多層化を実現する上でも，こうした地道な教師による支援は重要であり，山内実践を特色づけている。

　第三点の特色は，ゲストティーチャーの起用である。ともすれば，教室内で子どもたちと教師の間だけで話し合われがちな本テーマを，外部から招いた立場の違う人々の生の意見を教室内に持ち込んだことである。子どもたちは，沖縄の水需要の高まりにこたえようとするダム開発側の人の意見と，森林の保全を訴える人の活動を具体的に知ることで，確かな根拠に基づいた意思決定の大切さをゲストとの交流から気がついていったと思われる。ゲストから発せられる熱意ある意見に耳を傾け，大人たちもこの問題を真剣に考えている様子に気づくことは，社会の問題を前向きに捉えていこうとする態度を育成することにつながり，地域社会の一員としての自覚に導くきっかけと言える。このことは，社会事象がリアリティを持って理解される効果を生むだけでなく，社会にある様々な問題を大人と共に考える姿勢を育てることに

つながる。

　今回の実践によって，5年2組の児童にはかなりの社会的思考力や関心・意欲・態度の形成がみられたと思われる。こうした授業を積み重ねていくことで知識を活用し，生きて働く力として社会科の学力が身に付いていくのではないだろうか。(山内かおり)

●第五章　言語力育成に向かう社会科指導ポイント

　前の章で紹介された「日本国憲法と沖縄」（6年），「交通事故を防ぐ」（4年），「海の畑　もずく養殖」（5年），「ヤンバルの森からのメッセージ」（5年）の四つの社会科授業実践に共通して言えることは，いずれも子どもたちが，賛成・反対などの対立場面について本気になって思考し，発言していることである。しかも，次々と仲間の意見をつないで思考する様は，協同の学び合いの典型でもある。

　言語力とは，一見，言葉でうまく表現できる能力とみられがちだが，体験や根拠（事実）を背景にしてものを言える子どもが持つ能力と位置づけたい。そうしなければ，単に語彙力や語気が強い子どもの意見ほど言語力が身に付いていると誤診しかねないからだ。

　そういった体験や根拠に基づいた確かな言語力の育成に向かう上での社会科指導のポイントをあげるとすれば，大きく分けて次の四つが考えられるだろう。

❶ 子どもの興味・関心を引き付ける教材提示や発問

　言い古されているが，興味・関心を引かない教材提示や発問は，授業に盛り上がりがもたらされず，ひいては言語力も伸ばせない。「日本の自動車工業」の単元では，教科書に載っている自動車の写真を提示するだけでなく，おもちゃのミニカーでもいいから，さりげなくモノを登場させることで，子どもたちの興味を引き付けることができる。さらに，教師から自家用車選びのエピソードを話してあげて，購入した自家用車のカタログも提示すれば，俄然，関心を寄せてくれるだろう。次に「いま，世界ではどんな車が多く売れているのでしょうか？」と発問することで，広い視野から自動車生産が捉えられる。安全性や環境にも優しいだけでなく，自動車の家電化が進んでいる最近の傾向に気づかせれば，自動車が工業製品として優れた側面を持っている事実に接近させることができる。

　自動車生産工程のひみつに気づかせるために，組み立て前の箱に入った車

のプラモデルを用意し，多くの部品から組み立てられている実態を教室で再現する手立ても興味や関心を引き付ける指導の工夫である。いずれにしてもまずは，興味を抱かせ，その後に，学習問題につながる発問や指示に至る指導が基本的な流れとなる。

❷ 社会的ジレンマ場面を意図的に組む

　魅力的な教材を提示し，くいつく発問を投げかけて興味・関心を引き付け，事象をくわしく観察させ，もっと調べてみたいと意欲化を図ることはできるだろう。しかし，これだけでとどまっていては，言語力は伸びない。そこには，内発的な問題意識が弱いからだ。言っていることと，自分たちがやっていることの乖離に気づき，総論賛成，各論になると反対するような事態に陥りやすいのが，対話や討論のある授業である。社会的ジレンマと呼ばれる，矛盾や対立場面に出会うことで子どもなりに悩み，苦しみ，思考する場面こそ，高い言語力を身に付ける場面といえよう。「ゴミがなかなか減らない」「無農薬野菜がいいと分かっていても実際には買わない」「森を守ることと自動車利用が増えることのジレンマ」「奈良の大仏をつくる際の庶民の苦しみと造営の意義との間に見えてくる矛盾」「参政権があるのに投票行動に結びつかない現実」など，社会に横たわるジレンマを社会科は扱うことができる。

　ジレンマ場面に遭遇したら，子どももそれなりに折り合いをつける思考を始めるものである。「ベストではなく，『たぶん……だったらどうかな？』でいいから，ベターな意見を出してごらん。」と教師が持ちかけるだけで，意見が増えるものである。ジレンマは，対話や討論を促進させる触媒なのである。

❸ 協同して学ぶ場面に導く

　社会的な言語力とも表現できるが，社会科で培われる言葉を操作できる能力は，対人関係スキル（相手に働きかける力），課題の解決に向かって批判

的に考え抜く力（クリティカル・シンキング）のほかに，相手の意見を丁寧に能動的に聴く力や立場の違いを理解する力，社会のルールに従って自分を律する力，グループで調べるときに自分の役割を果たす力などにつながる基礎である。実生活や実社会の話題を通して，協同して学ぶ対話や集団で討論できる場面こそ，これからの時代に必要な社会科が設定したい場面である。

ところで，小学校社会科では，平成20年に告示された学習指導要領においても，各学年の目標の系統を，理解に関する目標，態度に関する目標，能力に関する目標と三つに分けて示している。このうち，能力に関する目標にかかわって，社会的な思考・判断の箇所では，次のように記述されている。「相違点や共通点を比較して社会的事象の特色をとらえたり，社会的事象相互の直接的，間接的な関連を考えたりすることができるようにする必要がある。また，表現についても，調べたことや考えたことを絵地図，劇，造形などで表現し発表し合う活動から，次第にグラフや図，言葉や文章などのような記号化されたものによって表現し発表し合う活動へと発展させていく工夫が必要である。」（『学習指導要領社会　解説』p.4）と記されている。これらは，学習問題に対する自分の考えを相手にも伝わるようにいかに工夫するかにも関係していて，言語力による思考・表現の能力伸長に社会科が重要な側面を担っていることを示唆している。

また，第５学年ごろより，解釈を加えて読み取ったり，資料を再構成して活用したり，複数の資料を関連づけたり，学習問題に対する自分の考えを根拠と解釈を加えながら言葉で表現したりすることが求められている。

前章までに記述されている沖縄県における四つの小学校社会科の教育実践においても，子どもたちがいかに自分の考えを相手に伝えようと努めているかが伝わってくる。子どもなりに，必要な資料を収集・選択したり吟味したりして活用する姿が，実践記録から垣間見ることができる。このように対話や討論場面の設定をすることで，相手の考えに触発されて多面的・多角的に考え，公正に判断できるようになる。

④ 社会科用語を習得させる

　社会科には独特な用語・名称が数多く登場する。減反や兼業農家，自給率，大化の改新，参勤交代，議員内閣制など非常に多種・多様な専門用語が用いられる。これらの用語の意味を実際の問題場面で理解し，自分も文章の中で使用できる能力が，言語力を支える力となる。もちろん，用語が登場してきた際に教師が丁寧にその意味を教えることも大切であるが，子ども自身が文脈の中で用語を使用できなければ，対話や討論につながっていかない。社会科用語は，社会科という世界，つまり現代の社会を読み解く上で欠かせない言葉であり，概念形成の骨組みと言ってもいい。

　以上，言語力を支えるために，興味・関心，社会的ジレンマ，協同の学び，社会科用語の四つを重要視すべきと指摘してきたが，これらを軸として突き通す力も当然大切である。それが，思考力である。あるいは，「自分は○○について△△のように考えている。」と自分の考えを一歩外側から客観視（メタ認知に基づく自己評価）できる力でもある。言語力を身に付ける授業実践に挑んでいただきたい。（寺本　潔）

第三部
言語力が育つ社会科授業の方法

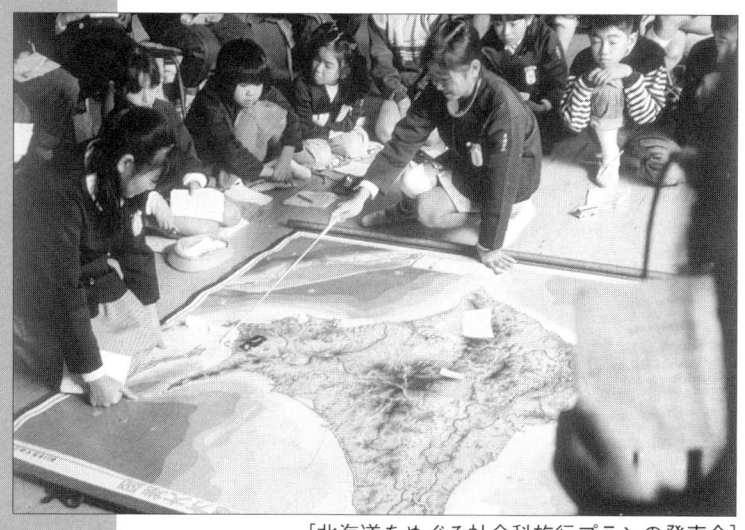

[北海道をめぐる社会科旅行プランの発表会]

●第一章 「おたずねマップ」法による「対話する力」の育成

1 「おたずねマップ」

　資料の読み取りを地図的に行う指導の工夫である。

　社会科は，学習を進める際に多くの資料と出会う教科である。地図も資料の一つであるが，絵や統計資料，実物などを読み取り，子ども自らが概念化して捉えることにより，一層の思考力も磨ける。ここでは「おたずねマップ」という地図的な読み取り法を駆使した授業記録を提示したい。

　子どもたちから出た考えを整理していく中で統計や栽培風景の読み取りを加味し「おたずねマップ」の手法を取り入れながら，「菊について，ネットや支柱の役目は？」「何のために電気をつけているの？」などの疑問を「生産率トップのわけ」という農業の本質に迫る共通の問いへとつなげていった。

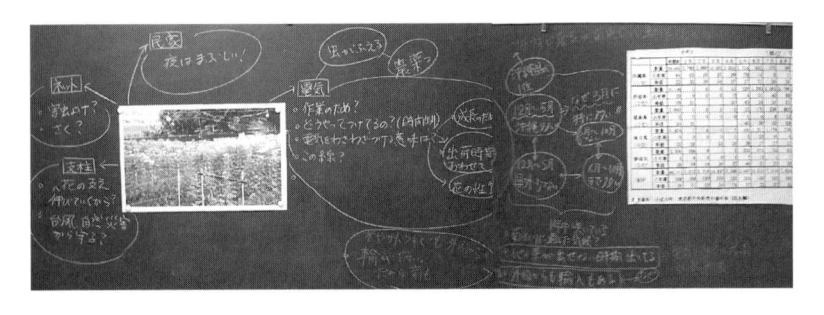

　「おたずねマップ」とは，社会科資料そのものに自分が見出した事実や抱いた疑問，資料の解釈などを直接資料の周りに記入させ，児童の経験知を概念地図的に表出させる手法で，筆者が編み出したものである。

(1) 学び始める前の学習の準備

　おたずねマップという方法で「資料の読み取り」を丁寧に行い，自分なりのこだわり（概念）をしっかりもてば互いの差異に気づくことができるのではないか（暗黙知を表出させる前段階）。

　マイケル・ポランニー（ハンガリーの物理科学者，社会科学者，科学哲学

者，1891-1976）によると暗黙知とは「科学的な知の言語で表現できる知を超えた暗黙的な知」のことである。つまり暗黙のうちには知っているが，明示することができない。言い換えると，心の底にもやもや立ち込めるもの（非言語）はあっても，一般化して表出（言語化）することができないということである。そこで非言語を言語化するために，資料との対話を繰り返すという訓練を通して，暗黙知を獲得すれば，自己を成熟させ，自分のあり方に気づいていけるだろうと考えたのである。

①社会科における暗黙知について

社会科の目的は，社会認識を通して公民的資質を育成することである。社会認識を深めるためには，「なぜだろう？」という問いを抱き，探究していくことから，自分なりのこだわりを持つことが大切である。例えば，明治維新以後の近代社会について扱う際に，キーワードは帝国主義だということを単に教えるだけなら，答えそのものを学ぶことになり，思考は深まらない。だから，教材（写真や資料など）の概念地図的な読み取りを通して，一人ひとりが概念（自分なりの解釈）を持ち，明治という時代認識，時代背景を考えさせることが重要である。

②社会科における暗黙知の形成

学習は，これまでに得た既習の情報と結びついて可能になる。社会科学習を展開する際には，体験を伴った豊かな情報をどれだけ獲得しているかが重要である。このため，どの子にも入りやすい資料の読み取り法を考え出した。「おたずね」という子ども側から発せられる「疑問」を直接資料内に記入させ，教師がそれらをグルーピングしながら，対話によって学習を深めていく方法を案出した。以下にその概要を示す。

〈読み取りの場面〉

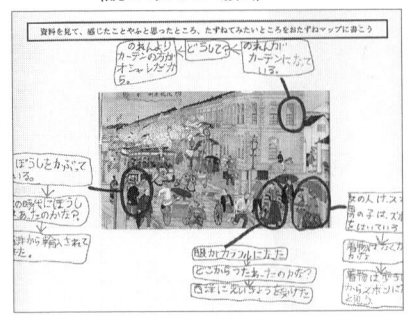

暗黙知の明示段階
まだ，この絵が示す意味を見い出せないが，はっきりしない考えを思いつくままにおたずねマップに書いてもらう。この段階では，周りとの関係は意識されてない。単に，一つ一つの特徴を読み取っている段階。

〈グルーピングにより分析的な視点を明確にする〉

人力車
馬車
大きい船

乗り物の変化

外国みたい
色とりどり
窓とベランダ
街灯

建物の変化

衣類や身につけている物の変化（和風から洋風）

着物から洋服（ドレス）
ちょんまげから今風に
下駄から靴
傘から帽子

それぞれがおたずねマップで出していった疑問を，対話により擦り合わせ吟味していく。グルーピングすることにより概念化される。

〈構造化し仮説を生み出す〉

| 建物が色とりどりに変化 | → | 自由になってきた時代？ |
| 乗り物が馬車に変化 | → | 便利になってきた時代？ |

読み取った材料をもとにして

概念化された視点により，明治の時代認識を構築していった。
はっきりしなかった自分の考えが対話により，客観化され，さらに自分の中に意味のある価値として再認識される。

仮説を検証するために追求活動へと発展する

第三部 言語力が育つ社会科授業の方法

(2) 暗黙知を引き出す方法

言葉には表現できないが，意識の中にあるものを概念地図のような形で見えるように引き出す。その方法として，文章や図絵，身体表現，言葉などいろいろある中で，今回は「おたずねマップ」という短文で書かせる方法を試みた。

①「子どもの視点から出発」〜おたずねマップ〜

子どもたちの考えや気づきから出発し，互いの考えをつき合わせ，仲間との違いや共通点を見出しながら吟味していく学びを展開させることを中心に研究を進めていったが，そのためには「学び始める前の準備」が課題である。これによって子どもたちは，前もって準備していることの安心感と，丁寧な読み取りを通してその子なりのこだわりを持つことができるのではないかと考えた。また，お互いの学び合いの中で違いや共通点を見出しながら聴くことで，様々な社会的ものの見方や考え方を育むことができるのではないかとも考えた。子どもたちの対話の中で，「○○時代と似ていて」など時代を遡

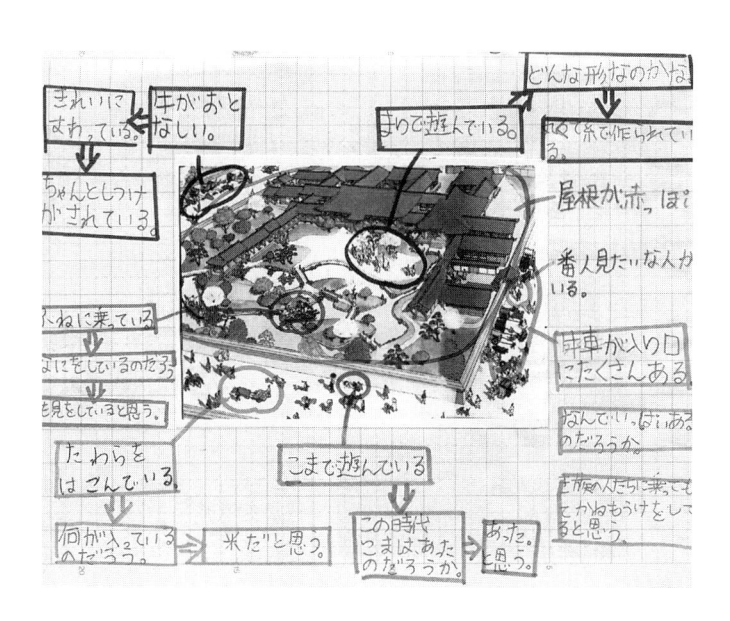

って考える場面があり，年表やこれまで読み取った教科書の資料を視覚的に捉えることができるように，思考が深まる掲示が必要であることもわかった。

単に事実のみをつき詰めていくだけでは，答え探しになり探究心にはつながらない。子どもなりの解釈，こだわり（概念）をもつことが，豊かな学び合いにつながると考える。そこで教師の働きかけとして，なかなか表出されていない解釈・こだわりを「引き出す」と「暗黙知」を重ねて捉える。

②「子どもの視点から出発」～おたずねマップ～

教師の視点で考えていると子ども同士のつながり，支えあう関係は生まれてこない。子どもの中でお互いがつながり合う関係を築いていくのである。教科で克服すべきねらいはしっかりと持ちつつも，子どもの視点から出発するために，子どもの問いを大切にしていきたい。だから子どもたちの思考の構造を知り，どんな形で再構築されていくかをみとっていくためにも，「おたずねマップ」を使って子どもたちの暗黙知（はっきりしない部分）や，認識の「ずれ」を知る必要がある。（山内かおり）

●第二章 対話や討論を生む差異の明確化：ペア対話から集団討議まで

1 ペア対話

　子ども同士が，向き合って話す機会を意図的につくることは，言語力を育成する上で大切である。なぜなら，案外きちんと向き合って話す機会が少ないからだ。家庭でも，親や兄弟と面と向かってじっくりとまじめな話をしていない。その背景として，国際的な比較調査において子どものテレビ視聴が最も長い国としても日本は有名であり，そのことが情報の一方的な受容に偏りがちな暮らしに陥り，ひいては対人スキルを磨く機会を逸している原因の一つにあげられる。

　もちろん，少子化や核家族化もその傾向を助長している原因である。だからこそ，学級の仲間や教師との対話は必要であり，意図的にでも向かい合って話す機会を設けたい。ペア対話は，互いに向き合って話す対話である。椅子だけ向かい合う場合と，机も合わせて向き合う場合とがあるが，社会科のように資料を多く活用する教科では，机の上に教科書やノートを広げて対話させるため，机ごと向かい合って対話するほうがいい。ペアになって話そうとすることでアイコンタクトも習慣化でき，相手の言葉を積極的に聴こうと努める姿勢も身に付く。

　ペア対話にかける時間は，一般に三〜五分程度がおススメであるが，子どもたちの反応に応じて弾力的に行いたい。社会科では，例えば「平安時代の寝殿造の絵を見て貴族たちは屋敷の中のどこで用を足していたと思いますか？　互いに絵を見て意見を述べましょう。」と資料の読み取り場面でペア対話を促したり，「これからの自動車に必要な設備は何か，二人で話し合って書き出してみましょう。」と発想を広げたりする場面が考えられる。あるいは，「いろいろな気候の土地の暮らし」の学習で「じゃんけんをして，北海道派と沖縄派に分かれて，自分が当たった派の土地のほうが住みやすいという論陣を張ってください。」などと意図的に対話すべき論題の差異を明確化する場合もある。

一方，教師による意図的なペア対話に対して，子どもが自ら仲間に話したくなる状況のような自発性に裏づけられたペア対話もある。

　話し合いが進む中で，その内容が「自分のこと」（自分ごと）として引き寄せられた瞬間に，自分自身の考えが明確になり，「本当にこれでいいのか」と確かめたい時に自発的に仲間と対話したくなるのである。意図的なペア対話よりも，対話の必要を感じて話すので授業もより活性化するのである。

❷ 小グループによる対話への移行

　ペアで話し合い，差異がはっきりした話題を小グループに移していく指導は，意見のバリエーションを増し，集団討議へとつないでいく橋渡しとして大切なステップである。ダム開発や酸性雨被害，ゴミ投棄などを知った上で「森林を守り増やしていくことはできるのか？」について討議させる場面を，いきなり学級全体で討議させれば，発言力が強い子とそうでない子とに大きな格差が生じる。45分間，だまって過ごす子どもを生み出してはならない。たとえ発言する機会はなくても，少なくとも授業に参加し，うなずいたり，挙手したりする場面が大切である。そういった発言力の弱い子どもにとって，グループ討議は効果がある。グループで話し合えば，緊張感も少なくてすみ，声も大きく出さなくても聞こえるからである。

　「ペアで話し合って分かったことを四人で教え合いましょう。」「ペアで互いの意見の違いがはっきりしたら，隣のペアにも紹介して意見の違いの種類を増やしましょう。」と教師は促せばよい。6年の日本の歴史の学習場面で「信長，秀吉，家康のうち，誰が天下をとったと言えるでしょう？」と切り込み，ペアで出てきた意見をグループで出し合っておけば，かなり戦国の世の中がわかってくるだろう。グループ討議では司会者を決めて進めるやり方もあるが，安易に司会者を決めると発言に上下関係が生じ，司会者にとりまとめを依存する気持ちも生まれるので注意を要する。グループ討議は，グループ内の各人ができる限り等しく考えを述べ合い，よりよい合意や意見の集

約がみられるように指導することが大事なのである。

③ 小グループ討議から集団討議への移行

　協同的な学びは，学び合う関係によって成立する。「教え合う関係」でないことが重要である。「教え合う関係」は，一方的な関係である。「お節介」の関係といってよい。それに対して，学び合う関係は「さりげない優しさ」の関係である。「ねえ，ここどうするの？」というわからない子からの問いかけによって成立する。わからない子が問いかけない限り，わかっている子は，あえて教えようとしない。しかし，いったん問われると，誠実に応答する。この「さりげない優しさ」によって結ばれた学び合う関係が協同的な学びの基礎となる。

　しかし，一般的に教師は「教え合う関係」と「学び合う関係」の違いを十分認識していないし，協同的な学びの中で，教え合う関係を求めがちである。作業の途中に「できた人はできない人に教えてあげて」と指示する教師は多い。そのような教室では，協同的な学びが発展することはない。教師は指示を変えなければならない。「わからない人は，いつまでも自分一人で考え込まないで隣の人に聴くんだよ」というふうに。この配慮が自然にできたとき，小グループから集団討議に移行できる。

　集団討議には，あうんの呼吸のような「間」の取り方が生じる。A君の発言を受けて自分の意見を言おうかと考えている瞬間に，Bさんが発言し始める。その発言を聴いていると自分の考えが変化してくる。そこで，集団の前で意見をまとめて発言しようと立ち上がったり，挙手したりするが，またC君のほうが先に発言してしまう。このようなことから発言の「間」という時間のとり方に敏感にならざるを得なくなり，ひいては集団討議を実り多いものにしていく。

　小学校では集団討議は，なかなか成立しづらいと思いがちだが，論点がしっかりしていて，その学年の児童の興味・関心を引き付けるテーマであった

ら，十分に成立する。教師は，集団討議で出てきた多様な意見を大きく三つ四つに束ねて黒板に整理する仕事が重要である。したがって，テーマに関して教師も三つか四つの束ねる視点を予想して有しておくと授業に構えもでき，ひいては教育効果が上がる。社会科という教科は，とりわけ教師の自己研鑽が必要であり，思考力を鍛えておく必要が大なのである。(山内かおり・寺本潔)

●第三章　カードを活用した学びの形成

　ここでは、カードに考えを書かせながら、社会科の学習問題を追究していくプロセスについて第6学年の単元例から解説してみたい。

１ 単元名（６年）「日本とつながりの深い国々－多様な考えを交わらせ，つなげる授業づくりを目ざして－」

２ 授業づくりの視点

　筆者は，自分の考えをまとめ，友だちに伝えたり，友だちの考えと自分の考えの共通点や違いを意識しながら聴いたりすることを，授業の中で大切にしている。友だちの考えや意見に自分の考えを付け加えたり，わからないことや確かめたいことについては質問したりすることで，個々の子どもの考えを交わらせ，つなげることに大きな意味があると考えている。こうした授業を成立させるためには，いくつかのポイントがあると思う。私なりの授業づくりのポイントを簡単に紹介したい。

☆なんと言っても授業づくりの基本は学級づくり。子どもが自分の考えや意見を自由に言い合える雰囲気づくりを4月の学級開きから意識してきた。いたずらに友だちの意見を否定したり，批判したりしないで，「友だちの考えや意見から何を学ぶのか」について指導してきた。

☆「くわしく言うと」「だから」「比べて言うと」「続けて言うと」「そのわけは」「まとめて言えば」などの「つなぎ言葉」を授業の中で重視した。これらのつなぎ言葉の指導の他に，「A君の考えは○○だけど，僕は△△です」とか，「Bさんの意見は○○でしたが，私は△△と考えるので，Bさんの意見には反対（賛成）です」などの自分の考えと友だちの考えの違いを意識した発言形式による発表，また，「例をあげると，〜ということです」などの例示を含めた表現方法を，社会科の授業やその他の授業においても指導してきた。ただし，「接続語」や「発言形式」によって子どもたちの発言が活発になっても，その問答が形式的なものでは思考力は育たない。仲間の意見にかかわって発言している子どもを積極的に評価した。

☆テーマを立てた討論学習や調べたことをもとにした学び合いを社会科や総合学習，その他の教科の中でも積極的に取り入れ，自分の考えや意見を友だちに伝えることや友だちの意見や考えを聴き合う授業を目ざした。特に，討論学習の時には，司会や黒板係，発言記録係を中心にした学び合いを積み重ね，教師は，コーディネータとしての役割に徹した。1学期，全員に上記三つの役割のいずれかを経験させ，2学期以降は，子どもの希望する役割を担当させた。

☆討論学習においては，子どもの意見や考えを（あるいはグループ内での話し合い活動やそこでの結果を学級全体に反映させるために）カードにまとめ，黒板に貼り，友だちの考えや意見との共通点や違いを見つけさせたり，聴き合いや練り合いを通してカードをグルーピングした。これは，個々の子どもの考えを学級全体に反映させ，全体の文脈の中で自分がどのような位置にあるのかについて気づかせたいからである。

以下，子どもが自分なりの言葉で表現し，これらをつないでいくという「交わりのある授業」を，6年生の「日本とつながりの深い国々」を通して描きたい。

3 授業の構想

第一次

> 日本とつながりのある国々を考えたり，地図に表したりして，日本との結びつきを出し合うことで，つながりの深い国々はどんなところか聴き合う。

⇩

> 日本（沖縄）とつながりの深い，韓国やアメリカ，中国，ブラジルといった国々が，日本とどのように結びついているかについて聴き合い，「多様なつながり方」があることに気づく。

⇩

第二次

> 自分が調べたい国と人々の暮らしの様子について追究する。多様な資料を活用して調べる。

⇩

> 外国の方（アメリカ人と中国人）を招いて，調べて疑問に思ったこと，わからなかったことを質問したり，ゲストの方から暮らしぶりについて話を聞いたりする。

第三次

> 外国の人々と共に生きていくためには，何が大切であるかについて個々の子どもの考えを聴き合い，21世紀に生きる自分たちの姿を考える。

4 授業の流れ

(1) 日本と関係の深い国をさぐる

　子どもたちが日常生活の中で身近に感じている国は，アメリカや中国，韓国，ヨーロッパ諸国である。東南アジアや南米諸国についての関心はそれほど高くはない。白地図に身近に感じる国について色を塗ってもらうと，一目瞭然である。ここでは，子どもの関心のある国々（アメリカ，中国，韓国）を大切にするとともに，海外移民との関係で沖縄県とつながりのあるブラジルを取り上げ，学習を進めることにした。

　前もって，これら四か国が日本とどのようなつながりがあるのか，日本とどのように結びついているのかについて広く調べることを課題にした。子どもたちは，調べてきた情報をカードに書き表し，これをもとに授業を進めた。実際の授業の進め方は，次の通りである。

　①黒板の中央に日本，右上にアメリカ，右下にブラジル，左上に中国，左下に韓国と表示し，子どものカードを順次貼っていく。もちろん，カー

ドをもとに子どもに説明してもらう。この場面で大切にしたいことは，個々の子どもの発表・説明に対してきちんと聴く姿勢である。
② カードを貼り，説明がひととおり終わると，貼り出したカードの中に共通するものはないか，カードを重ね合わせたりしてグルーピングしていく。
③ グルーピング後，カードの内容に対しての質問や意見を展開し，カードの中に，あるいは周辺に書き出していく。

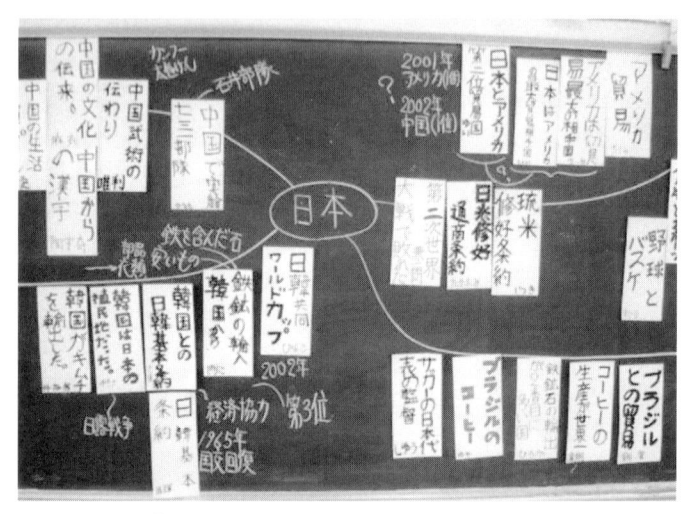

写真①　カードをもとに関係認識を深める板書

(2) 調べたことの共有化を図る

　子どもの興味・関心にもとづいて調べる国を選び，人々の暮らしぶりに迫る。インターネットの情報や教科書や参考書，まちの中華料理店に足を運ぶ子どももいる。ブラジルが日本（沖縄）からの移民が多いことを知った子どもは，祖父母に話を聞いてくる。
　子どもの追究活動を，再度カードを活用して共有化を図った。カードは意見交流の場では，移動したり重ね合わせたり，書き込んだり，何かと便利で

ある。当初,日本とブラジルとの関係は,コーヒーをめぐる貿易関係やサッカーを通しての関係づけだったものが,移民を切り口として次のような特徴をとらえた。

☆日本(沖縄)からの移民者の中には,コーヒー栽培などで厳しい労働を強いられた人もいたが,その子どもたちには高い教育を受けさせ,政界や医者や弁護士などで活躍している。また,戦争に行きたくないために移民した者もいたということ。

☆多くの移民からなるブラジルは,多国籍文化であること。特に,アフリカから連れてこられた黒人の料理を源とする,フェイジョアーダ(豚肉と豆の煮込み料理)がある。多国籍文化であることから,様々な宗教もあり,日系の宗教団体もあること。

　子どもの追究活動により,カードの周辺には様々な事柄が書き込まれていく。

(3) ゲストを招き,外国での生活ぶりをインタビュー

　大学で英文学を教えるアメリカ人のケリー先生と,留学生として沖縄に来ている中国人の陶さんを教室に招いた。ケリーさんはミネソタ州出身である。ミネソタ州は,冬はとても寒さの厳しい所で厚手の手袋とマフラー,耳当て,長靴,コートは必需品らしい。水道管は地下に埋めないと凍ってしまうということだ。だからケリーさんが沖縄に来て一番驚いたことは,水道管がむき出しの状態で設置されていたことだという。本や資料ではなかなかわからないことを,ケリーさんの生活を通して,アメリカ人の生活ぶりを知ったのである。中国人の陶さんには,料理の話題にインタビューが集中した。中国と一口に言っても広大で,料理も様々。揚子江を挟んで北と南では,食べ物も味つけもずいぶん変わるということだ。中国人は主に漢民族であるが,少数民族もたくさんいて,それぞれの文化と言葉をもっているということも発見であった。

写真② アメリカでの生活を話すケリーさん

写真③ 中国での生活ぶりについて話す陶さん

5 授業を終えて

　日本とつながりのある国々の生活文化や外国の人々のものの見方や考え方について深まりをみせた。互いを認め合い，尊重することがこれからの「地球市民」にとって大切なことであることに気づいたのである。（嘉納英明）

●第四章　挿絵の読み取りと討論

　本章で紹介する授業実践は，琉球大学教育学部附属小学校における公開授業（2004年11月23日）である。小学校6年生の社会科の単元「平和で豊かなくらしを目ざして－新しい憲法と戦後の日本－」（学習時間・全6時間）のうち，第二時間目を公開授業とした。ここでは特に，公開授業の第二時間目を中心に報告する。なお，「6．第2時の学習の目標と授業仮説」は，当日の配付資料からの抜粋である。

① 単元名（6年）「平和で豊かな暮らしを目ざして－新しい憲法と戦後の日本－」

② 単元について

　①**児童観**　歴史上の人物や出来事に関心をもつ子どもが多く，学習塾などで得られた情報を授業の中で生かそうとする子もいる。また，（これまでの授業の中で活用してきた）絵図や資料の読み取りや書き込み・色塗り作業については楽しいと回答し，自分の考えをカードに書き，それらを聴き合い，グルーピングすることについても友だちの考えを知ることができるものとして評価している。歴史的な事象に対する関心も高く追究意欲も旺盛であり，調べたことを効果的にノートにまとめたり，調べたことをもとに自分なりの考えでとらえ直したりする点においては，少しずつではあるが着実に力が培われてきたように思う。

　②**教材観**　1931（昭6）年の満州事変に始まり，アジア・太平洋にまで広がる戦争の拡大により，日本は，多くの尊い命を失い，国土は焦土と化した。この十五年にも及ぶ戦争から，わが国は，戦争の悲惨さ・無意味さを痛感し，平和の尊さを学び，戦後民主的な国づくりのあり方を求めてきた。新しい日本の国づくりの基本は，民主化と非軍事化に求められ，その理念は「日本国憲法」という国の最高法規の形で結実したのである。したがって，新憲法の精神は，戦争に対する深い反省と恒久の平和を希求する国民の願いがその根

底にあると理解してもよい。本単元では，戦後民主国家を目ざした日本の出発点から，今日の日本のおかれている状況を考えさせたい。

③**指導観**　本単元では，『あたらしい憲法のはなし』(1947年8月〜1952年3月，中学校1年用の社会科教科書，文部省)の挿絵(戦争の放棄)や戦後改革に関する諸資料の読み取り，書き込み作業を通して，戦後日本の民主的な改革とその後の歩みについて学び合う授業をめざしている。また，資料の読み取りを通して，自分の考えを友だちに伝えたり，友だちの考えと自分の考えの共通点や違いを意識しながら聴いたり，友だちの考えや自分の考えを付け加えたりすることで，個々の子どもの考えを交わらせ，多面的な見方・考え方を育みたい。

本単元では，敗戦直後の人々の新しい日本の国づくりに託する願いをふまえながら，新憲法の基本原則を学び，戦後の日本の歩みについて調べ考える授業をつくり出したい。「調べて考える社会科」が問われている昨今，子どもの追究意欲を引き出すような教材開発と，様々な視点から歴史的な事象を捉え，調べて，考える子どもを育てたい。

❸ 単元目標

日本国憲法にこめられた願いや独立を回復した日本の歩みについて理解し，平和で豊かな暮らしを実現していくためにどのような問題があるのかをつかむことができる。

❹ 単元の仮説

平和で豊かな暮らしを実現するための諸問題について，絵図や資料の読み取りや調べたことをもとに対話で学び合うことにより，多様な見方や考え方で捉えることができるであろう。

⑤ 指導計画（全6時間）

焼けあとから立ち上がる（1時間）
もう戦争はしない（2時間）
平和と豊かさを求めて（1時間）
アジアの中の日本（2時間）

⑥ 第2時の学習の目標と授業仮説

①目標　日本国憲法にこめられた戦争放棄の意味について理解を深めることができる。

②授業仮説　新憲法にこめられた戦争放棄の意味について，『あたらしい憲法のはなし』の挿絵や内容を読み取り，自分と仲間の考えの共通点や違いを意識しながら聴き合うことで，多面的な見方・考え方で捉えることができるであろう。

⑦ 実践の結果と考察

［第1時の概要］　第1時（焼けあとから立ち上がる）では，祖父母からの戦争体験とそれに続く戦後体験の聞き取りを通して，人々がどのような思いで暮らしを立て直してきたかについて考えるものであった。子どもの聞き取りでは，避難所生活の様子，食料難で乳幼児を失った体験などが報告され，激戦地であった沖縄戦と敗戦直後の県民の生活が浮き彫りにされた。

　子どもに提示した教師側の資料は，「沖縄の一女性の学校生活誌（注）」である。これは，筆者の実母の戦前・戦中の体験史であり，沖縄戦を生き抜いた一人の少女に焦点を合わせたものであった。祖父母の戦争体験や資料の読み取りをふまえ，戦後日本はどのような思いで歩んでいったのかを，第二時の公開授業で学んだ。

［第2時の展開（授業前半）］
（教材世界との出会いと対話——挿絵の読み取り——）

　授業の冒頭，戦後日本の改革に大きな役割を果たしたダグラス・マッカーサーのコーンパイプ（模造品）を提示し，本時の授業は新生日本がどのような歩みをしたのかを考えるものであることを説明した。そこで，十五年戦争後の日本国民の戦争や平和国家建設に対する願いや思いに迫るため，『あたらしい憲法のはなし』（文部省作成）の挿絵（大型コピー）を黒板に掲示し，子どもには挿絵のコピーを配布した。挿絵を読み取らせた後，発表させ，子どもの言葉で再構成された挿絵を描いた。子どもの言葉で挿絵を再構成することで，挿絵の意味を理解させることをねらったわけである。

　以下，挿絵を具体的に読み取っている場面（資料①）を掲げる。

T：日本国憲法ができた後，当時の文部省は中学1年生向けの教科書を作ったんだな。（復刻版を提示して）これがそうです（「古い」「シミが付いている」の声）。『あたらしい憲法のはなし』という教科書です。この本にはいくつかの挿絵がありますが，その中の一つを見てもらいましょう。（大型コピーを黒板に貼り）この挿絵では，どんなものを溶かしていますか？　読み取れるものすべてを箇条書きでノートに書いてください（ノートに書き取らせた後，発表させる）。

C1：戦艦がある（「違う意見です」の声）。

C2：C1が言ったのは「戦艦」ではなく，戦車だと思います（「同じ意見です」の声）。

T：C2は，戦車だと言っているけど，C1はどう思いますか。

C1：やっぱり，戦車だと思う。

C3：ミサイルもある（「違う意見です」の声）。

C4：ミサイルではなくて，原子爆弾だと思います。

C5：戦闘機があります（「別の意見です」の声）。

C3：爆弾をつくる工場がある。

T：煙がもくもくあがっているので，煙に隠れて見えないものがあると思いま

第三部 言語力が育つ社会科授業の方法

すが，他に何があると思いますか。
C6：煙の中には，兵士とか武器とかがあると思う。
T：この溶鉱炉は，ここにあげたものを溶かして何を作り出しているのでしょうか（箇条書きでノートに書き取らせ，発表させる）。
C7：僕は船だと思う（「別の意見です」の声）。
C8：建物をつくっています（「別の意見です」の声）。
C9：電車です（「違う意見です」の声）。
C10：車をつくっています（「別の意見です」の声）。
C11：東京タワーなどのタワーだと思う。
C12：僕は東京タワーではなくて，鉄塔だと思います。
T：溶鉱炉の中に，戦車とか様々なものを溶かして，船などをつくっていることがわかりましたが，溶かしているものを全部ひっくるめて，何と言えばいいのでしょうか。隣近所で話し合ってください。
C13：私は戦争に使うもの，戦争の道具だと思います。
T：関連してありますか？
C14：戦争に使われたものを溶かして，今使うものをつくっていると思います。
C15：生活に便利なものをつくっていると思います。
C16：再利用していると思う。

【資料①】

　授業の前半は，教科書の挿絵を読み取らせ，子どもの言葉で挿絵の再構成をすることで，挿絵の理解を図らせることをねらいとした。挿絵を読み取った子どもの発言は，教師の板書により挿絵のそばに再構成されていく（資料②）。これをみると，子どもたちは，日本国憲法が制定された当時の中学生向けのテキストと出会い，溶鉱炉の中で溶かされているものが，戦車，ミサイル，原子爆弾，戦闘機，兵器工場などであることを読み取っていることがわかる。これらは，資料①のC13の言う通り「戦争に使うもの」「戦争の道具」

であり、溶鉱炉をくぐって、「今使うもの」(C14)、「生活に便利なもの」(C15)に生まれ変わっていることに子どもたちは気づいていくのである。

[第2時の展開（授業後半）]
（教材世界を介しての学び合い －挿絵の意味－）

　挿絵の読み取りの後、『あたらしい憲法のはなし』の中にこの挿絵が挿入された理由を考える場面に進んだ（資料③）。

【資料②】

> T：なぜ、この挿絵が描かれたのか、理由を考えて、カード（短冊）に書いてください（カードに自分の考えを書いた子は、黒板に貼る）。
> T：みんなのカードが貼られています。グループにすると一番大きなグループになりそうなカードは、どれだと思いますか。
> C17：C18の「戦争はしない」というカードだと思います。
> T：C18のカードと同じ内容だと思うのはどれですか。貼られているカードから選んで下さい。
> C19：C20とC21のカードだと思います。
>
> ※以下、38名分のカードが黒板上に貼られており、順次確認しながらグループ分けをしていった。途上、「戦争はしない」「戦争放棄」「二度と戦争をしない」のカードは、ひとつのグループを形成したが、「戦争放棄」と書いたC22は、次のような発言をした。

C22：「戦争はしない」というカードと関係しないというわけではないけど，少し考えが違うと思うので3cmぐらい離したい。「戦争はしない」というカードを書いた人の考えを聞かせてください。そうすると，違いがわかると思う。

C23：戦争はいろんな人が死ぬから，戦争はしないと書きました。

C22：私の意見は，今まで日本は戦争をしてきて戦争をしてきたことが間違っていた，ということに気づいたということです。

T：間違いに気づいた，ということですね。だから，戦争を放棄しようと考えたというわけね。

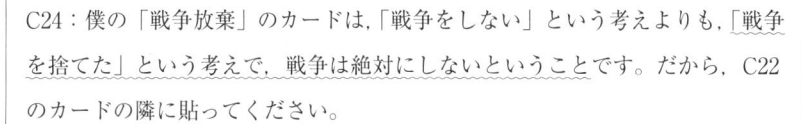

C24：僕の「戦争放棄」のカードは，「戦争をしない」という考えよりも，「戦争を捨てた」という考えで，戦争は絶対にしないということです。だから，C22のカードの隣に貼ってください。

T：C25の「戦争放棄」の考えを聞かせてください。

C25：戦争の間違いに気づいたから，絶対にやらないという意味でカードを書きました。

C26：僕のカード「戦争放棄」は，戦争をしてたくさんの人が死んで，戦争をしなければこんなことにならなかったという，戦争の間違いに気づいたということもあるし，戦争はもうしないという気持ちもあるから，「戦争はしない」とC22のカードの間に貼ってください。

【資料③】

※カードによるグループ分けの結果，「戦争はしない」「戦争放棄」「二度と戦争をしない」（33名）の大グループと，「平和」（3名），「新しい世の中づくり」（1名），「科学の時代」（1名）に分かれた。

[第二時の展開（授業終末）]
（教材世界からの学びと現状とのつき合わせ）

　カードの分類後，当時中学1年生だった人物の手記を全員で読み合わせ，今日，憲法の理想が実現されたのかを問うた。C24は，「日本は戦争をしたことに気づいて憲法をつくったけど，今は軍隊を持とうとしているし，憲法を変えようとしている。」と発言し，C25は，「戦争をしないとか，たくさんの人が亡くなったとかを忘れてしまっているので，もう一度，戦争のことを考えないといけないと思う。」と述べた。

　授業後半は，挿絵の意味を読み取り，自分と仲間の考えの共通点や違いを意識しながら聴き合う場面である。授業者は，個々の子どもの考えを黒板に反映させるためにカードを活用した。カードの下部にはあらかじめ名前を記入させ，自分の考えをカードに記し黒板に貼り付けていくのである。カードに記載された内容から，子どもたちは，仲間との共通点や違いを確認でき，自分の考えが学級全体の文脈の中でどの位置にあるのかが一目でわかるのである。これだと，個々の子どもの考えの集中度や分散度が容易に見てとれる。

　資料③のC18のカード「戦争はしない」は，多数の子どものカードと共通するものであり，当初，「戦争放棄」と「二度と戦争はしない」と共通するカードとして捉えられていた。しかし，C22の「今まで日本は戦争をしてきて戦争をしてきたことが間違っていた，ということに気づいた」という発言は，C24の「『戦争を捨てた』という考えで，戦争は絶対にしないということ」を引き出し，C25の「戦争の間違いに気づいたから，絶対にやらないという意味」であるとしている。「戦争はしない」というカードよりも，戦争を猛省し，不戦の誓いの意味があることを捉えているとみてよい。学び合いを通して，「戦争はしない」と「戦争放棄」の微妙な違い・ズレが浮き彫りになるとともに，挿絵を多面的に捉えることができたのである。（嘉納英明）

（注）　嘉納英明：「沖縄の一女性の学校生活誌－戦時体制下の教育を中心に－」（柿沼昌芳・永野恒雄編著『「愛国心」の研究』批評社，2004年，所収）。

第四部
言語力が育つ社会科授業の姿

[ワークショップ型の授業で学び合う]

●第一章　習得→活用，探究へと高める授業の見通し

1 習得場面から活用場面への移行

　平成20年3月に告示された学習指導要領に組み込まれた教育原理の一つに，「習得」「活用」「探究」がある。これらは，同年1月17日発表された中央教育審議会「幼稚園，小学校，中学校，高等学校および特別支援学校の学習指導要領等の改善について」（答申）の中，指導のおおまかな順序を示すと受け捉えられがちだが，そうではなく児童・生徒が身に付けたい学力の質も示した用語である。本書がテーマとして掲げている対話や討論をはじめとする言語力が樹木の幹なら，これらはしっかりと大地に生えるために必要な根や太陽に向かって上に伸びようとする枝であり，さらに多くの葉をつけて茂った樹冠ともいえる。このうち，「探究」は茂りつつ上に広がる樹冠であり，「総合的な学習の時間」で十二分に展開し，教科ではむしろ根や枝に当たる「習得」と「活用」が重要視される。もちろん，教科にも生じる独自の「探究」場面を否定するものではない。あくまで，確かな学力を形成させ，定着させる上で「習得」と「活用」がクローズアップされているのである。

　小学校教育における「習得」の段階は，比較的つかみやすい。国語科においては当用漢字の知識や書き取りも習得であり，文章を読解しおおまかに筋道を立てて考えたり，簡単な意見を述べたりできる学習技能もそれである。算数では，もちろん演算の方法を例題で習得し，図形の面積を求める式を理解する段階が「習得」といえよう。習得した式を別の問題に当てはめて解く，応用問題に向かう場面で「活用」力が発揮される。本書で扱っている社会科の場合には，基礎的な知識として地名や人名，用語をきちんと理解し覚えて，漢字で書けるか，平面地図や統計，歴史的な屏風絵を読み取れるか，あるいは簡単な作図や作表ができる技能を身に付けているか，などが「習得」の中身になる。つまり，指導にあたって，基本的な知識と技能をまず教師は押さえておく必要がある。

　授業場面で考えてみよう。例えば3学年では学校の周りから市・町の様子，

第四部 ■言語力が育つ社会科授業の姿

田や畑，工場や商店で働く人の仕事，昔の道具に隠された知恵などを学習対象としているため，ローカル色が他教科以上に明確に表れる。市の公共施設やスーパーマーケットの名称はもちろん，その土地で栽培される農産品や工業製品などが授業で重点的に扱われる場合も多い。こういった知識は，学習を進める上で必須であり，当該地域に生まれ育つ児童にとっても当然，知っていなくてはならない知識，その土地固有の知識（インジニアス・ナレッジ）なのである。社会科学習における「習得」とは，こういった知識も含みつつ，学習指導要領の内容理解に必要不可欠な事柄が習得に値する知識ということになる。

一方，技能に関しては，東西南北を正しく指し示すことができるとか，我が家の一カ月間の買い物の行き先別頻度を，簡単な統計表に表して整理できる，地図帳の索引を使って地名が引ける，おおまかな時代を当てはめて日本の歴史の変遷を説明できる，国会と内閣，裁判所の違いを図示できるなど，小学校段階において身に付けておいてほしい最低限の作業的・操作的な能力を指す。

知識と技能は，自動車運転免許にたとえれば，免許取立ての初心者の能力である。基本的な交通標識を理解し，一応の運転技術を習得している段階であろう。しかし，それだけでは実際の車道に出て運転できない。ペーパードライバーにならないためにも，積極的に路上に出て運転技術を磨かなくては本当に運転する力を習得したとはいえない。暗黙知として運転技術が形成されているように，自然と手足が動き，とっさのときにもハンドルが切れるようになる力こそ習得した結果といえるだろう。

次に，知識の習得を言語力との関係で整理してみよう。

3学年の社会科で学ぶ商店の仕事の工夫の学習で，コンビニを取材させたとしよう。児童は，学校近くのコンビニの存在には当然気づいていて，レジで「ピッ！」とバーコードで読み取り計算している様子くらいは知っているものである。しかし，店員が行うその行為が，バーコードを読み取るポスシ

ステムであること，商品の内容やレジで店員が買い手の属性（この場合は子どもであるという情報）までさりげなく入力している事実には気づいていない。商品に付いている「横縞模様」が「バーコード」という名前であると認知し，言語に置き換えられてはじめて，それまで半ば無意識的に受け止めていた買い物が位置づく。そして商品の販売にかくされた販売の仕組みに関心を抱いてくる。学級の仲間から，コンビニの売り方の工夫が次々と言語で紹介されたりすれば，さらに刺激を受けて自分もコンビニの売り方に関する体験を思い出して，話し出したりする。「バーコードから何が読みとれるのだろう？」「このコンビニでは，どんな商品がよく売れるのだろう？」「季節や天気，時間帯によってコンビニの売れ行きにはどんな変化があるのだろう？」「商品棚の裏はどうなっているのだろう？」「売れ残ったおにぎりはどうなるのだろう？」などと子どもらしい「問い」が次々に生まれてくる。言語は無意識に見ていた世界から，意識して捉える世界に導いてくれる案内表示（サイン）であり，物事にかくされている文脈という視点から見ればコード化のための橋渡しなのである。

❷ 活用場面から探究場面への移行

　習得した知識や技能を大いに活用していく過程で，子どもは思考を深め，判断する力や表現する力が培われてくる。そうすると逆の立場に立って思考できたり，新たな課題に対して調べようとしたりと一段とレベルが上がった学習に入っていく。活用場面や探究場面とはそういった状態を指し，学習に広がりや深まりが期待される展開になってくる。日本の歴史の学習で織田信長や豊臣秀吉，徳川家康の三英傑の名前を覚え（習得），戦国時代から安土桃山時代，江戸幕府成立までのドラマを説明できた（活用）後に，新たな視点，例えば支配された庶民側や公家の視点からその時代の流れを調べて考えたり，能や茶道など文化の側面から時代を追ったり，同時代の外国の動きについて資料を収集したりする学びなどが，探究場面に当たる。

もちろん，教科書で学ぶ際にも小さな探究は行われている。教科書記述の中に発展的な題材が盛り込まれているからだ。しかし，まとまった時間をかけるには総合的学習で深め，合科的な扱いに移行しなければ探究場面は成立しない。習得から活用，そして探究へと移行し，社会科に関心を抱かせる学習が成功すれば，社会科を意欲的に学ぼうとする姿勢が身に付き，ひいては社会科好きの児童が育成できるであろう。

③ 授業の見通しと言葉の役割

　授業が盛り上がった瞬間に，子どもたちがある言葉に立ち止まることがある。例えば5年「国土の森林を守る」の学習で，山に木を植える漁民の活動を知った子どもたちが，「山（森）と海は川でつながっている」ことに気づき，「豊かな海」という言葉に行き着いたとしよう。すると「豊かな海ってどんな海ですか？」とおたずねが起こり，豊かさの中身を調べに動いていく。森があるとミネラルという成分が川の水を豊かにして，それが海に注いでプランクトンや海草を増やす，という仕組みに気づいていく。このように「豊かな海」の中身をさらに言葉で探り，意味を付加していくのである。言葉は思考を育み，環境問題への見方や姿勢にさえ影響を与える。

　教師にとって決め手となる言葉があらかじめ予想できる場合とそうでない場合がある。「豊かな海」という言葉にこだわらずに，場合によっては「ミネラル」や「プランクトン」「海草」に興味が向くかもしれない。あるいは山と海が「つながっている」という関係を示す言葉に論議が終始して，山が荒れると海も弱まるのではないか，自分の県の山も荒れているから，あの海も豊かではないのではないか，などと課題発見がその先に進展する場合もあるだろう。いずれにせよ，国土の環境を守る上で森林の役割がいかに大切であるか，に気づかせるかがポイントになる。

　授業の見通しを立てる際，社会科ではまず中心となる資料やそこから読み取れる問題点をじっくり考え合うことが多い。先にあげた事例で言えば，海

辺だけが載っている地図を読み取るだけでなく，上流の山林地帯も入った流域の地図が基礎的資料となる。また，問題点の分析として「山からミネラルをいっぱい含んだ水が本当に海まで到達できるのか」「たぶん，ミネラル成分がダムでせき止められるのではないか，都市から出る汚れでとても綺麗とはいえないのでは。」と考えをめぐらす子どもも出てくる。

　学級の仲間と考えを交換する中で気づきが深まってくる。「たぶん……と思います。」とか「僕が気になることは……です。なぜかというと～」といった具合に言葉をつないで意見を持とうとする。こういった姿勢を大切に指導することで，言葉を駆使して思考を深めることができるようになる。

❹「伝えたい」「報告したい」「発表したい」と思う授業を

　国語科での「話す力」や「聞く力」は，これからの言語力育成の点で不可欠な要素である。森林の働きを言葉で書けるようになることはもちろん，友だちの意見を真摯に聞き，思考し，自分の意見を言葉を選んで発言する，といった一連の話し合い活動も，国語科で培われた言語力が発揮される瞬間である。

　しかし，国語科だけでは「伝えたい」「発表したい」といった意欲を喚起することは十分にはできないだろう。国語科には，現実の社会や事実との出会う場面が社会科に比べて弱いからだ。「自分ごと」として社会を捉え，相手に説明できるほどになるには，「なぜだろう？」「どうにかしたい。」「社会の役に立ちたい。」などといった意欲に基づいた問題意識（問い）が起こってこなくては発言の腰が弱くなる。社会科は，記述，要約，報告，解釈，判断（合意），説明，発表，討論など実社会で経験する対人的な表現場面のほとんどすべてを展開できる教科である。しかも実生活や実社会に密接に関係する題材を介してである。だからこそ，言語力育成に向けては国語科と並んで中核教科なのである。（寺本潔）

●第二章　振り返り(リフレクション)や批判的な学びを促す教師の出方

1　はじめに

　言語力を育てるには，要は言葉を使う経験をたくさん積み重ねることである。読む，書く，話す，聞くといった経験をである。それはもちろん日常的に行われている。しかしこれらはただ行えばいいというものではない。どのような言葉の力を育てたいのかを明確に見据え，意識的に行う必要がある。

　本章では，「書く／話す」ことに対応して「振り返り（リフレクション）」を，「読む／聞く」ことに対応して「批判的な学び」を取り上げる（図1）。それを通してどのような意味での言葉の力を育てるのか，そのために教師がどのような出方や場づくりを行えばよいのかについて考える。

図1　振り返りと批判的な学び

2 振り返りを促す教師の出方

(1)「振り返り」は，一番簡単な言語力育成

　授業の中に振り返りの時間を組み込むということは，ある意味では最も簡単な言語力育成の方法かもしれない。授業の最後に五分でも時間をとり，その時間にわかったことやわからなかったこと，感じたこと，考えたことなどを書くのである。書くのはノートでもいいし，専用の振り返りシートにいくつかの欄を設けて書かせるのでもよい。

　このやり方なら，子どもたちに特別な知識や技能は必要ないし，授業の最後に時間をとる以外にはさしあたり特別なことは何も必要ない。その子なりに書けることを毎回書くという作業を課すことで，書く力や考える力，この場合は，思ったことや感じたことを言葉で表現する力は確実につくであろう。

　振り返りは「書く」だけでなく，「話す」形で行うことも可能である。例えば授業の最後に隣どうしで，授業の感想や学んだことを二〜三分程度言い合うというやり方もある。隣どうしで言い合うのではなく，何人かの子どもにみんなに向かって発言してもらってもいい。それは表現する力だけでなく，「聞く」力も育てることにもなるだろう。

(2) 振り返りを通して学びを確かにする

　このように，振り返りを学習に組み込むことは比較的容易なことだが，しかしそれだけでは，振り返りは十分に意味のあるものにはならないかもしれない。「何のために」振り返りを行うかが明確ではないからである。

　振り返りは何のために行うのか。その答えは様々かもしれないが，本稿では「学びをより確かなものにする」ための契機と考えたい。そこには二つのものが含まれるであろう。一つは，「今日の学び」をより確かにすることであり，もう一つは「明日の学び」をより確かにすることである。

　「今日の学び」をより確かにするということは，今日の授業で漠然と経験

したことや感じたことを言葉にすることで，結局今日何を学んだのか，整理を行うことである。言語化することや整理をすることで今日の学びを明確にし，それを今日の学びとして定着させるのである。

　「明日の学び」をより確かにするということは，今日の学びを明日以降につなげるということである。それは，今日の学びから教訓を得るということであり，次に似たような場面に出会ったときに，より適切に行動し対処できるようになるということである。

(3) よりよい振り返りのために
　では，振り返りを上記のような目的で行うにはどうしたらいいだろうか。第一には，一日に一教科分だけでもいいから，振り返る時間を設けることである。まずは，学んだことの振り返りを習慣とするのである。たまにしか振り返りをしないのであれば，その効果は半減するだろう

　ただし，習慣とするだけでは十分ではない。「今日はよく分かった。楽しかった」とか「今日はよく分からなかった。明日はもっと理解できるようにがんばりたい」などという漠然とした振り返りで終わってしまう可能性がある。

　そのような時にはどうしたらよいか。一つには，「他人」の力を借りることである。例えば，他の子どもの振り返りに触れる機会をつくることで，同じ授業についてさまざまな振り返り方があることを知ることができる。可能であれば，各人の振り返りに教師が一言コメントを書いて返してあげたい。これらによって，より深い振り返りがあることを学ぶことができるだろう。

　「振り返りが役立つ」状況をつくることも大事だろう。次に同じことをやる時のことを見据えて振り返らせるのである。今日の学習で何かがうまくいったのであれば，その成功の秘訣を言語化する。逆に失敗したときには，「じゃあ次はこうしてみよう」と考えてみる。そして，次に同じ活動を行うときにそこで振り返ったことを思い出すよう促すのである。そうすれば，前回の体験が，振り返りを介して次回につながっていくのと同時に，振り返ること

が自分にとって役立つことが実感できるだろう。

　成功や失敗を次にいかせるように振り返るのは難しいかもしれない。そこでおすすめなのが、「他人の学びや考えや表現に触れる場をつくる」ことである。他人がやっているのを見れば、「あそこがいいな、まねしたいな」というところも、「もっとこうすればいいのになあ」と思うところも出てくる。自分のことを振り返るのは難しくても、他人の良さや改善点を見つけるのは案外誰にでもできることである。

　振り返りを深めるための三番目としてあげられるのは、「じっくり振り返る時間をつくる」ことである。重要な学びの時や、今日、あるいはこれまでに何が学べたかがあいまいになりそうな時に行うとよいであろう。ある程度の時間をとり、これまでの毎回の振り返り全体を通して振り返ってみたり、他人の振り返りと照らし合わせてみたり、この単元を通して学んだことを話し合ってみたり、それらを特定の観点から眺め直してみる。そうすることは、学びを深めるのに役立つであろう。

❸ 批判的な学びを促す教師の出方

　批判的に学ぶ力を持つということは、これからの社会を主体的に生きていく上ではとても重要なことである。それは、知識や情報がまたたくまに古くなる「変化の激しい社会」だからであり、インターネットをはじめとして玉石混交の情報があふれている時代だからであり、様々なことについて自分で、自分なりに熟考し判断する必要が増えてくる時代だからである。

(1)「批判的な学び」は難しくない

　批判的な学びは、すごく難しいことのように感じるかもしれない。しかしそうではない。要は、入ってくる情報を無批判に受け入れてしまうのではなく、一度は自分の中でひっかかりをつくり、考えてから受け入れようということなのである。そのために、まずは「おたずね」（問いを出すこと）から

始めてみてはどうだろうか。友だちの意見であれ，教科書や資料に書かれていることであれ，読んだり聞いたりしたことに対して疑問を表明してみるのである。

疑問は，はっきりした質問の文章になっていなくてもいい。「どうしてだろう」「不思議だな」「本当かな」「よくわからないなぁ」「何かしっくりこないんだけど」というものでもかまわないのである。習慣化していけば，情報を受け取る際に一度自分の中で吟味してみる，という態度につながるだろう。それは社会に出ても役に立つ批判的な学びの第一歩となるはずである。

さらに慣れてくれば，「もし～だったら？」「なぜこれは大事なの？」「自分が知っていることとどう関係するの？」「別の角度から見たらどうなるかな？」というような，高度な問いに発展していくかもしれない。あるいは「おたずね」をするだけではなく，「自分はこうじゃないかと思うけど」というように自分なりの答を考えられるようになると，さらに学びは深まるだろう。

(2) こんな「批判的な学び」はどうだろう

もちろん「おたずね」だけが批判的な学びではない。たとえば前節で紹介した，「他人の考えにふれ，もっとこうすればいいのになあと考える」という振り返りは，実は批判的な学びになっている。入ってくる情報を無批判に受け入れていないからである。これもさほど難しいことではないはずである。それをさらに進めて，自分自身の考えに対して，こうも考えられるとか，こんな可能性もあると考えられるようになると，かなり深い「自己内対話」（第一部2章）としての批判的な学びになる。

また，「立場の違う人の意見にふれる」ということも批判的な学びにつながる。特に社会科では，立場の異なる人の意見にふれる機会が出てくるであろう。社会的な問題は，多くの場合絶対的な正解はなく，何が正しいか，何が大事かは立場によって異なることが多い。その両論を知ることができれば，一方の立場から見たときの他方の考え方の問題が見えてくる。違う立場から

見た違う考えが存在することを知ることは，一つの立場の考えだけを無批判に受け入れるのではなく，熟考・吟味することを促すであろう。

(3) 批判的な学びに必要な学習観とは

批判的な学びは難しくはないと述べ，「おたずね」をはじめとして社会科で育成しやすい批判的な学びを紹介してきた。しかし，批判的な学びとそうではない学びには，大きな違いがあることには注意しなければならない。

それは，学習をどう考えるかという「学習観」や，知識とはどのようなものかという「知識観」である。批判的な学びの背後にある考え方には，唯一絶対の正しい答はない。しかし，より妥当な，よりみんなの納得のいく，よりよい考えはあり，それを自分で探し求めることが学ぶことだという考え方である。これと対極にあるのは，正しい答は存在し，エラい人（権威者）がその答を知っている，という知識観である。こう考えるのであれば，すべきことは，そのエラい人に正しい答を教えてもらうことであり，それを無批判に受け入れることが学ぶこと，となる。そうではなく，自分たちできちんと考えればよりよいものに到達できるのだ，だからおたずねをしたり他人の考えを振り返ったり様々な立場に目を向けながら学んでいきましょう，というのが，批判的な学びの背後にある学習観である。

このように考えたとき，批判の刃は，友だちや入手資料だけでなく，教科書や先生にまで及ぶかもしれない。しかしそれを，ナマイキだとおさえつけるのではなく，先生と子どもたちとが対等な立場で対話しながら，いっしょによりよいものを求めていこうとするのであれば，それは，変化の激しい社会をたくましく生き抜いていくための「力」となることであろう。

4 おわりに

本章では，振り返りと批判的な学びという，一見異なる学びについて考えた。しかしこれらはいずれも，言語と深く関わる学びという点で共通してい

る。それに加えて,「～についての思考」であるという点も共通しているのである。振り返りとは,自分がやったこと,言ったこと,書いたこと,学んだことについて考えることであり,批判的な学びとは,他人から聞いたこと,読んだことについての思考である(そのことは,本章冒頭の図(図1)にも示している)。

　それらはまとめて,「思考についての思考」と言えるかもしれない。自分の思考であれ他人の思考であれ,ただ単に「考える」というだけでなく,「考えたことについて考える」こと,そのような高次の思考を通して,思考はいっそう深まっていくのである。そのための契機として,振り返りや批判的な学びを日ごろの学習の中に活用してほしいものである。(道田泰司)

● 第三章　臨場感のある討論活動

❶ 臨場感のある討論活動を育む学級の風土

　臨場感のある討論活動とは，学び手が主体的に題材にかかわることで，学び手と題材との間に交流が生まれ，学び手相互の中で一つの方向性を生み出している場面である。しかも，教室という限られた空間の中での議論が外の世界と直接的につながっているという感覚を伴うものである。討論は実際的な議論の積み重ねである。したがって，臨場感のある討論活動での学び手は，主体的であり，能動的であり，かつ，意欲的である。そこでの学び手は，題材と自分自身を切り結び，自分の問題として主体的に受け止め，これに対して（問題）解決しようとする積極的な態度が見られる。しかも，学び手の態度は，個別具体的でありながら，そこに参加している学び手相互に意思疎通が前提としてあり，信頼と安心感という土台で討論が成立しているのである。このように述べてくると，臨場感のある討論活動の前提としては，何でも言い合える学級風土の中で生まれ，育まれる性質のものがあげられる。授業の中の討論活動は，子どもと教師の協働の営みによって，一つの目標に向かって学び合うプロセスであり，自分の考えを仲間に伝えることで思考力は強化される。

　臨場感のある討論活動を成立させるためには，何でも言い合える学級風土が大切であると述べたが，この風土を開拓し育むためには，教師の側の姿勢が必要である。本章の前半ではこれについて述べたあと，後半では，臨場感のある討論活動を成立させるための三つの条件と期待される子どもの資質・能力と教師の役割について述べたいと思う。

❷ 何でも言い合える学級の風土づくり①－子どもに拓かれた教師の身体－

　何でも言い合える学級の風土とは，学び手（発信者）の発言が自由であり，学び手（受信者）の受け取り方もまた自由である。そこでは，自由な雰囲気が充ち満ちていて，学び手の発言一つひとつが大切にされ，全体に受け入れ

られているという学び手相互に安心感がある。学び手は、必然的に発言の送受信者であるため、発言に対して傍観者的な態度はそこには存在しない。仲間の発する発言を注意深く聴き合い、その発言の真意がどこにあるのかを見極めながら身体全体で受け止めているといった姿勢がある。すなわち、身体全体で仲間の発言を聴き合うという関係がそこにはあるのである。言い換えると、身体が仲間に拓かれているといった感覚である。こうした個々の子どもの聴き合う関係は、教師と子どもとの共同作業の中から紡ぎ出されてくるものであって、教師の側の思いや願いが先行するかたちではなかなかうまくいかないものである。

　何でも言い合える学級の風土づくりは、身体が仲間に拓かれている関係をつくり出すことと同じ意味である。教師はこうした学び手相互の関係づくりを念頭においた、柔らかな関係性を育む必要性が求められる。そのためには、まず、教師自身の身体が個々の子どもに拓かれ、子どもを包み込むような柔らかな姿勢が求められる。こうした教師の姿勢は子どもに自然と伝わるものであり、子どももそうした教師の態度が真の学びの基本的な姿勢・態度であることを学び取っていくのである。

❸ 何でも言い合える学級の風土づくり②－拓かれた身体と受容関係－

　拓かれた教師の身体は、子どもの身体の拓きを促すものである。個々の子どもの身体が仲間に拓かれるとき、子ども相互の受容関係が成立していると言える。仲間の発言を頭から否定したり、拒絶したり、あるいは、誹謗中傷の類は存在しない。仲間の言わんとすることを身体全体で受け止めようとする姿勢であり、場合によっては、教師の子どもに対するしなやかなさし向け方がある。「○○さんは、○○について話しているようだけど、その話を聴いてみなさんはどのように考えますか」などである。また、とつとつと話す発言者（仲間）は、共感的に聴き合おうとする仲間の姿勢を肌で感じて安心感の上に発言が続けられるのである。また、「○○さんの言ったことは、○○

というふうに考えてもいいですか。」「○○さんの考えを聞いて、私は、○○のように考えたんですが、それについて考えを聞かせてください。」など、仲間の発言に寄りそい、かかわり合って自分の考えを表出する行動となって現れるのである。

4 臨場感のある討論活動の成立－三つの条件－

　これまで、臨場感のある討論学習を成立させるための学級の風土について述べてきた。ここでは、実際の授業を想定しながら、討論を成り立たせる最も大切な条件について考えたい。それは、基本的に三つの条件が必要であり、「話題」「ズレ」「基盤」である。以下、それぞれの条件について述べることにする。

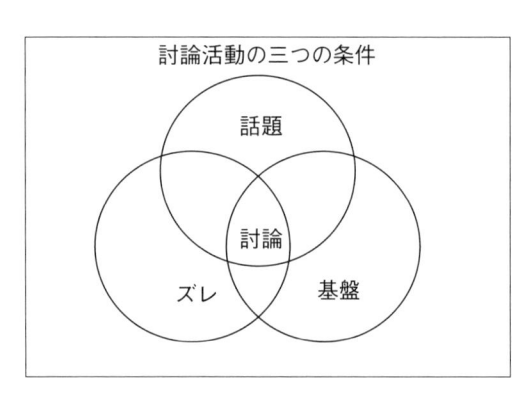

```
           討論活動の三つの条件
                  話題
              ┌───────┐
              │       │
        ┌─────┼───────┼─────┐
        │     │  討論  │     │
        │ ズレ └───┬───┘ 基盤 │
        └─────────┴─────────┘
```

(1) 話題があること

　討論活動には、話題が必要である。話し合う主題、テーマ、題材と言い換えてもよい。子どもは話し合わなければならない問題があるということ、子どもは何を話し合うのか、がわかっているということが最低限の条件である。話題があるということは、子どもはそれに対して話し合う姿勢をつくるという意味である。話題のない討論活動などは、あり得ない。その話題を子どものほうから見い出したり、あるいは、教師のほうからの提案であったりする

場合があるが、いずれにしても話題をめぐって子どもの考えが表出され、交わり、そして止揚していく場面が見られるのである。話題は、子どもの生活経験から出てきたり、教科の内容とかかわって出てくるものなど、多様である。いくつかの話題が出たら、整理し、時間内に話す順序を決めるなど、話題の設定は大切なことである。例えば、討論を通して、論点（「特に話し合いたいこと」と言い換えてもよい）が出てきたなら、それを論点1～3としてまとめ、話題とかかわらない論点4は保留とし、話題と直接関連のないと思われる論点5は、討論の中では扱わないという整理の仕方があり、大切である（下図参照）。

論点の取捨選択は、その後の討論活動を展開させるために大切なことなので、はじめは教師主導になりながらも、次第に子どもが「適切な論点」として取り上げるようにしたいものである。当初は、「何が論点」で、「何が論点ではない」のか、子どもが捉えきれない場合もあるが、討論活動を積み重ねていくことで、子どもが論点に目を向ける力は確実に増してくるものである。

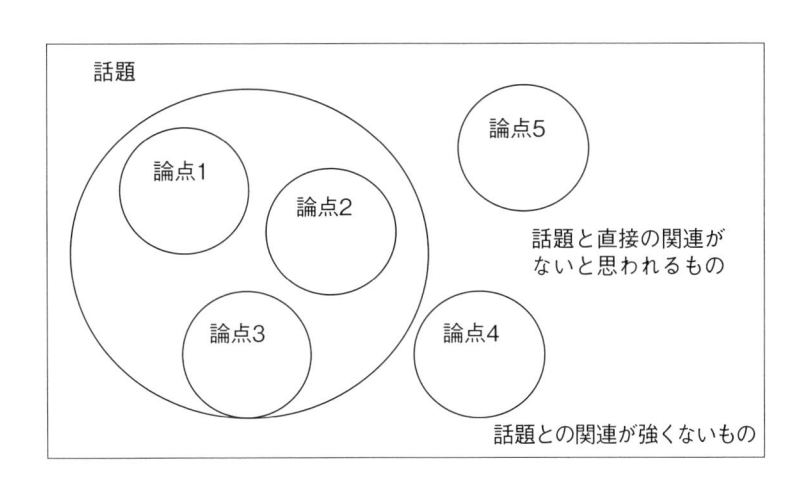

```
┌─────────────────────────────────────────┐
│ 話題                                     │
│    ╱─────────────────────╲              │
│   ╱   ┌───┐                ╲   ┌───┐   │
│  │    │論点1│               │  │論点5│  │
│  │    └───┘    ┌───┐       │  └───┘   │
│  │             │論点2│      │           │
│  │             └───┘       │  話題と直接の関連が │
│  │                         │  ないと思われるもの │
│  │    ┌───┐                │           │
│  │    │論点3│    ┌───┐     │           │
│  │    └───┘    │論点4│    │           │
│   ╲             └───┘    ╱            │
│    ╲─────────────────────╱             │
│                         話題との関連が強くないもの │
└─────────────────────────────────────────┘
```

(2) 考えにズレがあること

　子どもは話題について，自分なりの考えを持っていたり，話題に対する構えがあったりする。「差異」「相違」と言い換えてもよい。したがって当然，ある話題について，子どもの間には考えのズレがある。話題について最初から仲間との間にズレが大きく生じている場合もあるし，討論をしていく中で，ズレが大きくなったり小さくなったりすることもある。討論は，このズレを埋める共同作業であるといってもよい。さまざまな経験や異なった意見を，みんなで吟味し，関連づけ，考えを深める活動の時間である。

　討論は，このズレを埋める作業であると言ったが，このズレは，討論の終点ではなく起点である。ディベートのように白黒つけるような決着を期待するのであれば，一つの結論を出すこともできるが，話し合いに近い討論であればあるほど，多様な結論が出てくる。例えば，「学校給食は必要か？」というテーマで討論したとしよう。すると，「必要である」と「必要でない」という基本的な立場が生まれたり，場合によっては，「どちらでもない」「わからない」という立場も出てくる。「必要である」という立場の主張をさらに聞けば，様々な条件を出したり，状況を想定している立場からの主張だったりして，「必要である」という立場の考えも実に多様である。つまり，「必要である」と「必要でない」という分け方は，結局は，「学校給食は必要か？」というテーマに対して最大公約数的な回答であることに気づく。

(3) 話題に対する最低限の共通の基盤があること

　討論活動の話題に対して，子どもの中に最低限の共通の基盤があることが大切である。話題に対して，子どもの中に共通項としての最低限の情報（経験や知識など）を持っていると，話題に入りやすく，話題とかかわって討論活動への積極的な参加を促すことができる。したがって，子どもの発達段階や共有経験としての学校生活の中から話題を取捨選択し，討論活動の中に話題を組み込んでいくことから始めることが大切である。

子どもの生活経験は多様であり，一様ではない。それゆえ，最低限の共通基盤がある話題を設定することはなかなか困難である。討論活動がうまくいかない場合は，この共通基盤をいかした話題の設定が適切でない場合が多い。逆に，討論活動の成否は，話題の設定にあるといってよい。教師は子どもの生活経験・知識と話題がどこでつながっているのかを常に考えることが大切であり，子どもの関心をググッと引きよせる教師の役割は重要である。この点は，次の「教師の役割」で述べることにする。

5 期待される子どもの資質・能力と教師の役割

(1) 期待される子どもの資質

　討論は，何のために行われるのか。また，どういう効果があるのだろうか。まず，子どもの立場から考えると，自分の考えを述べたり，相手の考えに耳を傾けて聴き合ったりして相互の考えの共通点や相違点に気づくことができる。また，友だちの考えに誘発されて新しい考えが出てきたり，共感的に学び合う中で，新しい考えを出したりする。こうして，一人の考えでは得られなかったような視野の広さ，取り組みかたの多様性，掘り下げの深さ，論理的な確かさを得ることができるのである。また，主題（テーマ）によっては，そこから，協力を進める意欲が生まれるのである。さらに，①他人の意識や体験を聴くことによって，自分の知識を豊かにし，論理的で多面的な考え方を学び取るとともに，②他人の考えを媒介として，独自の考えを発展させることができるのである。

(2) 教師の役割

　話題にかかわる子どもの学び合いを促進するためには，教師の働きは一層大切である。教師は子どもの「声」を引き出し，他の子どもとかかわらせ，話題・論点に対する考えを高めていくことが求められる。その観点から，教師の働きかけのポイントは，次の三点である。

① 仲間の考えを理解するように促し,子ども相互の意思疎通,コミュニケーションを円滑にする。
② 子どもの多様な経験や情報,価値観を積極的に話題とかかわらせ,学びを全体に広げるようにする。
③ 話題を通して子どもが相互にぶつかり合い,創造的な学びが展開できるよさを経験させる。

　教師は,中心的な話題を集約し,子どもの考えを巻き込みながらズレを明らかにする。ズレが明確化されると,お互いの立場に対する意見・反論などを通して,相互の理解が深まったり,新しい考えが出てきたりするのである。その意味で,教師は「引き出し役」の役割を担うことになる。(嘉納英明)

◆ エピローグ：対話や討論が日常となる授業に

　社会科の授業に限らず，授業で最も大切なことは，自分なりの考えや判断，根拠に基づいて，対象とする資料（史料）や情報を評価しながら読み解くことである。つまり，クリティカルに考えたり，読んだりすることが大切であって，社会的な事実や事象をそのまま鵜呑みにして知識を獲得することが，社会科の目的ではないはずである。社会的・歴史的な事象を的確に記述したり，解釈を加えて論述したりして，仲間と意見交換をすることは，それがすなわち，社会科における言語力の育成につながるのである。

　それでは，対話や討論が生かされた授業を仕組み，言語力を育むためにはどのような取り組みをすればよいのか。本書では，対話や討論を試みた実践事例を紹介してきたが，これらの授業を成立させてきた共通する条件があると思う。以下に示す条件は，対話や討論を日常的に行うための基礎的な条件として大切なことであると思うので，本書の最後にまとめて書いておきたい。

(1) 仲間との信頼と協力の態度

　対話や討論は，思考の共同作業である。これをうまく展開させるためには，討論に参加している仲間，相互の信頼と協力が必要である。そのためには，仲間の意見や考えをお互いに尊重し合う態度が望ましい。また，自分の意見を絶対に正しいものとしないで，思考の共同作業を楽しみ，少しでも進歩させようという態度をとらねばならない。つまり，対話や討論は，仲間との信頼と協力なしには成り立たないのである。

(2) 話題に関する知識と経験

　参加者がどんなに真剣に話し合っても，それぞれの知識と経験の中にないものが，討論の中から新たな考えを生み出すことはほとんど期待できない。新しい話題を取り上げる場合に，事前に下調べをせず，その場の思いつきだ

けで話をしたり,専門的な知識を必要とするにもかかわらず,それを求めることもしないで討論活動を活性化しようとしてもなかなかうまくはいかない。適切な資料や情報に基づいて,お互いが話題に対して,「土俵」にのぼって相撲をとる手だてが必要である。そのためには,話題に関する知識や経験を準備させることが大切であり,教師の出番もここにある。子どもにまず実際に体験をさせて,それから討論を仕組んだとき,体験に基づいた生の発言が次々に出てくる授業を経験した教師は多いかと思う。こうした手法は大切である。

(3) コミュニケーションの力

　自分の考えを簡潔明瞭に表現する力と,仲間の意見をしっかり捉える力を十分にそなえていなければ,コミュニケーションは満足せず,討論活動はうまくいかない。したがって,日常の授業の中で,次の三つのことを意識しながら子どもを指導していくことも大切になってくる。

- 簡潔な表現　→要点を短く先に述べ,説明はその後につける。
- 具体的な発言→発言の内容は,より具体的な内容のものが相手に伝わりやすい。発言は,常に,自分の生活や体験とのつながりを失わないようにすることが大切である。
- 上手な聴き役→仲間の意見はよく聴きたい。相手の意見を受け入れていることを示す,相づちや表情は大切にしたい。理解できない内容については,自然に聴き直すことも大切である。（嘉納英明）

［著者紹介］

寺本　潔（てらもと　きよし）
昭和55年熊本大学教育学部卒業，57年筑波大学大学院修了，筑波大学附属小学校教諭を経て，愛知教育大学に勤務。平成21年4月より玉川大学教育学部教授。文部科学省学習指導要領（小学社会）委員，日本生活科総合的学習教育学会理事，日本地理学会代議員。主要著作として『社会科の基礎基本　地図の学力』（明治図書），『感性が咲く生活科－授業展開の道標たんけん・ひみつ・じまん』（大日本図書），『エコ地図をつくろう』『図解型板書で社会科授業』（黎明書房），『子どもの初航海－遊び空間と探検行動の地理学』（古今書院）など多数。

嘉納　英明（かのう　ひであき）
昭和38年沖縄市（旧コザ市）生まれ。琉球大学卒。熊本大学大学院修了。沖縄県内の公立小学校，琉球大学教育学部附属小学校教諭を経て，現在，名桜大学教員養成支援センター准教授。また，九州大学大学院人間環境学府博士課程在学中の院生でもある。研究分野は，沖縄教育史，社会科教育。日本教育政策学会，日本社会教育学会，九州教育学会などの会員。主な著書に『戦後沖縄教育の軌跡』（那覇出版社，単著），『風土に気づき→地域を再発見する総合学習－沖縄発の新しい提案』（明治図書，共著）などがある。

山内　かおり（やまうち　かおり）
昭和62年別府大学短期大学部初等教育科卒後，美作女子大学家政学部児童学科に編入。平成2年同大学卒。沖縄市の公立小学校教諭を経て，現在，琉球大学教育学部附属小学校教諭。主要研究論文として「人とかかわる力を育てる社会科学習指導の工夫」（沖縄県立教育総合センター研究集録第32号掲載），「互いの気づきをつなげた豊かな学び－暗黙知を明示させる対話で学び合う社会科授業の試み－」（第5回ちゅうでん教育振興財団教育大賞教育奨励賞論文），『プロが教えるオモシロ地図授業』（明治図書，分担執筆）『授業するのが楽しくなる生活科・総合・特活の技とアイディア44』（黎明書房，共著）など。

道田　泰司（みちた　やすし）
昭和37年熊本市生まれ。広島大学卒。広島大学大学院博士課程前期修了。広島大学助手を経て，現在，琉球大学教育学部教授。専門は，教育心理学，思考心理学。主な著書に『クリティカル進化論』（北大路書房），『発達支援のための生涯発達心理学』（ナカニシヤ出版），『おもしろ思考のラボラトリー』（北大路書房）などがある。

言語力が育つ社会科授業
―対話から討論まで―

2009年4月4日　初版第1刷発行
2012年2月8日　初版第3刷発行

編著者	寺 本　　 潔
著 者	嘉 納 英 明
	山内かおり
	道 田 泰 司
発行者	小 林 一 光
発行所	教育出版株式会社

〒 101-0051　東京都千代田区神田神保町 2-10
TEL 03 (3238) 6965　　振替 00190-1-107340

©K. Teramoto 2009　　　　　　　　組版　さくら工芸社
Printed in Japan　　　　　　　　　印刷　モリモト印刷
落丁・乱丁はお取替えいたします　　製本　上 島 製 本

ISBN978-4-316-80272-5　C3037